ドーコン叢書……3

縁の下のエンジニア

未来を支える9つの挑戦

［編著者］ドーコン叢書編集委員会

共同文化社

産卵場所を探して支笏湖流入河川を踏査

I-1 ....24P

支笏湖の〝なぞ〟に挑む

道内初・外来魚ブラウントラウトの自然繁殖確認の軌跡

支笏湖で偶然見つけた稚魚は
世界の侵略的外来種ワースト100に指定されている
悪名高き外来魚ブラウントラウトだった。
この湖のどこかで必ず自然繁殖しているはずだ。
その証拠をつかむために著者は自然産卵場所の発見に挑む。
最北の不凍湖で繰り広げられた
河川環境エンジニアの執念と信念。

文献の「冬季にも一部産卵が見られる」という一節を信じて

ブラウントラウトの成魚

支笏湖でブラウントラウトを見つけたのは平成10年

I-2
..........48P

吹雪とたたかう防災科学

地吹雪を防ぐテクノロジーを築く

北海道の冬に猛威を振るう地吹雪。
時には命も奪う冬将軍の刃に、
敢然と立ち向かう防災エンジニアの記録。
吹雪に飛び込み、観察し記録し、弱点を探る。
地吹雪をもたらす風を捉えて受け流す。
吹雪から北の暮らしを守る防災テクノロジーの最前線。

国道244号標津町での雪況調査

吹雪を観測する移動気象観測車

風で路面の雪を飛ばす吹き払い柵

美々川の源流部(千歳市)

I-3
72P

川のお医者さん奮闘記——川の緑と砂にまつわる話

川砂とヤナギ林の関係から川の生態を読み解く

人の目に美しい川は生き物にとっても優しいのか。
美しい川の景観は、人間の独りよがりではないか。
川のお医者さん(環境再生医)が、
上がり、下がりする河床のメカニズムや、
ヤナギ林と川砂の関係から、
望ましい河川環境整備のあり方を説く。

川底が下がった川

川底が上がった川

Ⅱ-1 ……92P

里山から考える生物多様性

身近な自然から考える生き物の暮らしと環境

里山に囲まれた水田–生物多様性の舞台

私たちがよく目にするタンポポの多くは
セイヨウタンポポという外来種。
これを日本に初めてもたらしたのはクラーク博士だった——。
環境エンジニアである著者が、
身近な自然を例に「生物多様性」を解説する。

セイヨウタンポポは外来種

セイヨウオオマルハナバチ（特定外来生物）

里山は生きものと子どもたちを育ててきた

おがこ作業風景

Ⅱ-2

……116P

北海道で生まれた「木育」と「木育マイスター」

木育マイスター第1期生が紹介する認定取得と活動

「木育」とは〝木とふれあい、木に学び、木と生きる〟心を育む北海道発祥の運動。
日本の国土の3分の2は森林、そしてその約2割は北海道に。
森と木を通して北海道を元気にするために、
五感と響きあう感性を育み、共感を分かち合える人づくりをめざす木育マイスター。
その第1期生の著者が、研修の内容と活動を紹介する。

北海道の木育を代表するおもちゃ——木のタマゴ

森の中で読み聞かせをする著者

ペレットストーブ実演

子どもたちを集めて都会で木育教室

道産木材を利用したマイ箸づくり

Ⅱ-3
........136P

未来の大人とかつての子どものパークボランティア

わんぱく坊主が大人になってつくった遊び場デザイン

子どもと一緒に池遊び

手づくりの木の枝ブランコは大人気

みんなの遊び場、公園を設計する人は
どんな考えでデザインしたんだろう?
遊び場をつくる人は大人になっても公園で遊んでいるの?
公園デザイナーが、国営滝野すずらん丘陵公園を舞台に
そんな疑問に答える軽妙なエッセイ。

森林をガイドする活動

著者の体験を参考にデザインしたネット遊具

III-1 ....158P

ピョウタンの滝――土地の履歴をひもとく旅
観光名所となった発電ダムの建設秘話

中札内村の札内川上流域にあるピョウタンの滝は、
美しい落水の表情で村を代表する観光地となっている。
自然と溶けこんだこの滝は実は人工のもの。
戦後の復興期に農村電化の電源としてつくられた
札内川小水力発電所がその起原。
暮らしに灯りを灯すべく地域の人々が、
厳しい自然と闘った足跡をエンジニアがひもとく。

初冬のピョウタンの滝

着工前—昭和27年頃

竣工した札内川小水力発電所ダム—昭和29年

かつては札内川小水力発電所ダムだったピョウタンの滝

かつて北海道観光の象徴だったスズラン

今も道内の各観光地でスズランが活躍（函館）

Ⅲ-2 ……178P

スズランとラベンダー
北海道観光を象徴する花の交代

昭和40年代ぐらいまで北海道を代表する花と言えばスズランだった。

それが昭和50年代にラベンダーへと代わる。

花の主役はなぜ交代したのか。花は何を象徴するのか。

観光地づくりに携わるコンサルタントエンジニアが、花を通して北海道観光の底流にある変化を探る。

現在北海道観光を象徴するラベンダー

札幌駅前通地下歩行空間
「つながるショップ」

Ⅲ-3 ....198P

地域に知恵と勇気を
どさんこ商品研究所と地域商品マーケティング

札幌市中央区北1条西4丁目
札幌ノースプラザビル地下1階にある「どさんこ商品研究所」。
札幌駅前通地下歩行空間「つながるショップ」の運営も協力する同研究所は、
地域商品のマーケティングとその戦略を担うドーコンの新規事業である。
研究所のスタッフと関わった地域の人たちから、
同研究所にかける想いと成果をうかがった。

どさんこ商品研究所での生産者
との打ち合わせ

道内各地の逸品が並ぶ
「こだわりショップ」

縁の下のエンジニアは考える
なぜ、どうして、どうやって――。

自然の作用で作られたもの以外、人工のものは
いずれかの時に誰かの手によってつくられた。
道路のカーブがその半径であることも、
公園の遊具がこの形であることも、
川の両岸に堤があることも、
誰かが考えに考え抜いた結果なのだ。
仕事と仕事との間にも、考えることが止まらない
縁の下で暮らしを支えるエンジニアの舞台裏、
ほんのすこしだけど公開しよう。

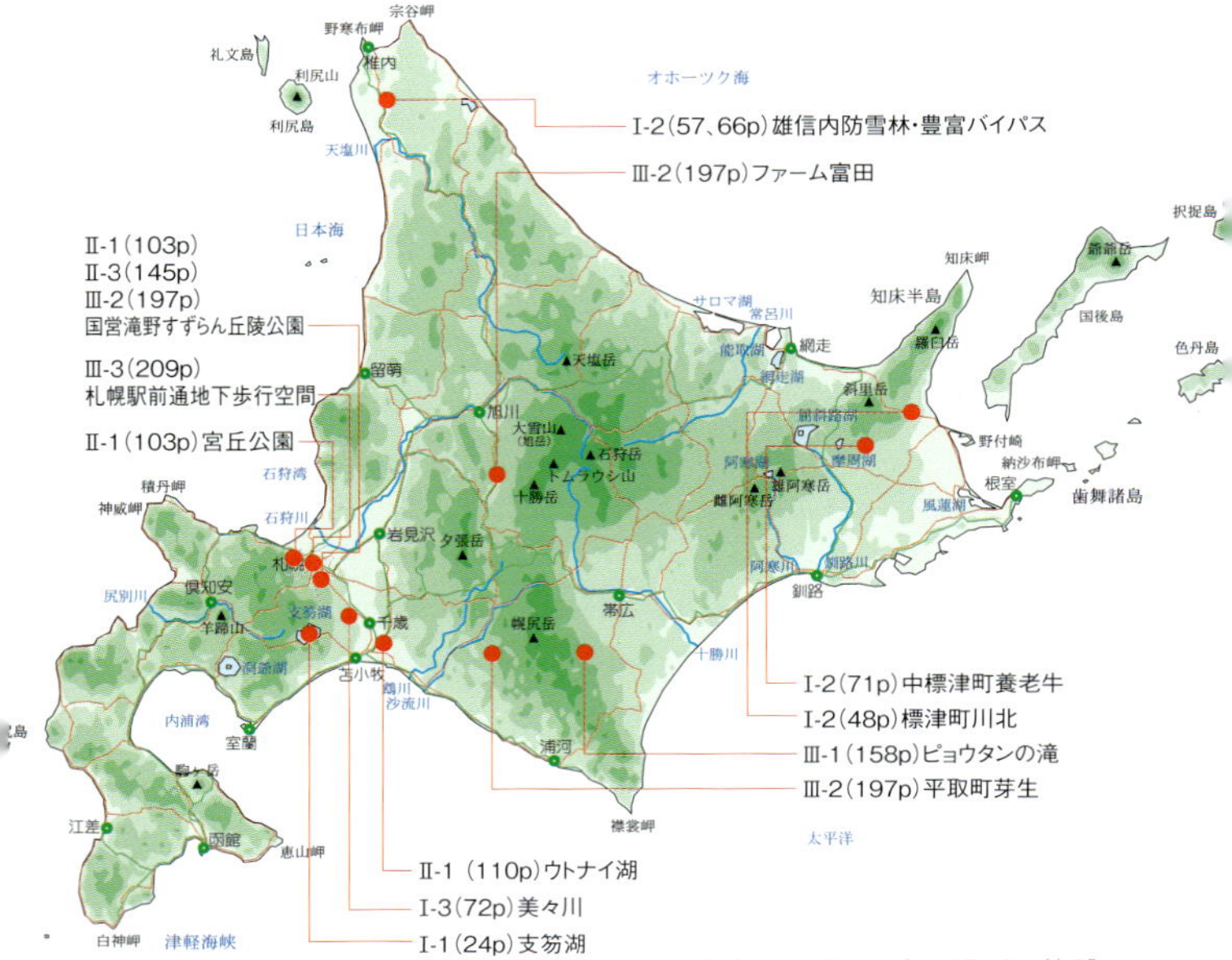

本書に登場する主な場所や施設

はじめに

私たちは札幌に本社のある総合建設コンサルタントのエンジニアである。道路、橋梁、河川、環境、農業、地質、ランドスケープ、都市、建築などの技術分野を専門とし、道路や河川をはじめとする社会資本の調査・計画・設計業務に携わっている。

そんなカタイ私たちが見つけた《北海道のちょっといい話》第3集をお届けしたい。

第1集の「エンジニアの野外手帳」には《あまり知られていない北海道のエピソード》やそれに関連する《北海道の暮らしを豊かにするためのメッセージ》を12編掲載した。続く第2集の「エンジニアの新発見・再発見」では《北海道の日常の暮らしや自然・都市の中で見出した新たな事象や価値》13編を取り上げて、その活かし方を考えてみた。

いずれも技術者の視点で捉え、考え、行動したことを正直に書いたものなのだが、読者や各種メディアからは、北海道の自然や身近な施設にも市民の知らない事柄が潜んでいて、これらの本はそれらの意外な発見と驚きをもたらしてくれるところが面白いとの感想が寄せられた。

これは素直にうれしい。この叢書はコンサルタントエンジニアの考え方や仕事の一端を社会に知っていただく目的で企画したものであり、私たちが《ちょっといい話》と思ったことが市民の皆さんにもそう受け取られたことを意味する。これが社会と私たちとの間のコミュニケーションツールに育ってくれればこんなうれしいことはない。

さて、振り返ってみると、これまでの25編の中には、市民の皆さんと密接な関わりを持ちながら活動していること、地域のためになることだが人目に触れぬところで行われている研究などの話題が比較的少なかった。私たちの日常的な活動（オンでもオフでも）にはむしろ目立たない「市民生活の未来を支える挑戦」が多い。そこで、第3集ではそんな地味でマニアックなエンジニアの活動を紹介したいと思う。

私たちは信頼の〝人と技術〟で豊かな人間環境の創造に貢献したいと願っている。志を高く保ち、人を育て、技を磨き、そうして社会にとって〝縁の下の力持ち〟となる——。先輩エンジニアが築いた道を、私たちも誇りを持って歩もうと思う。

（株式会社ドーコン　技術委員会委員長　椛澤 勝則）

ドーコン叢書…❸　緑の下のエンジニア　北海道の未来を支える9つの挑戦

［目次］

巻頭グラビア

はじめに　椛澤　勝則……………………17

I　地域の自然と暮らしをまもる

1　支笏湖の〝なぞ〟に挑む
——道内初・外来魚ブラウントラウトの自然繁殖確認の軌跡　山下　茂明……………………24

出遭う　～好奇心という嗅覚～／外来魚ブラウントラウト　～未知なる北海道での自然繁殖～／模索の先にあるもの　～逆さまの地球儀～／追求せよ　～エンジニア魂～／成功　～地道な作業の積み重ね～／エンジニアの視座で　～現場での気づきから～

【エンジニアの欄外メモ】ブラウントラウト

2　吹雪とたたかう防災科学　川島　由載……48
風速9メートルを超えると注意が必要／爆弾低気圧がもたらした平成25年の暴風雪／
風雪を制御する防雪柵／吹雪を追いかける移動気象観測車の開発／
防雪の新技術／吹雪のコンピューターシミュレーション
【エンジニアの欄外メモ】吹雪災害を二度と繰り返さないために

3　川のお医者さん奮闘記 ── 川の緑と砂にまつわる話　堀岡　和晃……72
景観の美しさか、生物の棲みやすさか／川底の上がる問題、下がる問題／
洪水に耐える砂州上のヤナギ林／洪水被害を拡大するヤナギ林／
ヤナギ林はどこにあったのか／対症療法と根治療法／川のお医者さんの仕事
【エンジニアの欄外メモ】現地で川の見方を学ぼう

II　地域の人と自然をむすぶ

1　里山から考える生物多様性　櫻井　善文……92
私を育てた里山／日本が誇る里山の生物多様性／里山の荒廃と生物多様性の衰退／
オオクチバスの不運／クラーク博士が持ち込んだセイヨウタンポポ／
ウトナイ湖のオオアワダチソウ／一人ひとりの想像力から

2 北海道で生まれた「木育」と「木育マイスター」　中村 裕……116
五感が響き合う、共感を分かち合う／
出産祝いに贈られた木のタマゴ ～木育との出会い～／
木は二度生きる ～木育マイスター育成研修への参加～／
木はつながりのキーワード ～木育マイスター登録～／子どもたちと、大人たちとも
【エンジニアの欄外メモ】木育について、もっと知りたい方への参考資料

3 未来の大人とかつての子どものパークボランティア　福原 賢二……136
秘密基地のワークショップ／わんぱく坊主のレストラン／トンちゃんの椅子／
虹の巣ドームのネット／泥だらけの池遊び／アオダイショウに触ってごらん／
笑いがこだまする木の枝ブランコ／公園をデザインするということ

III 地域の歴史と未来をつなぐ

1 ピョウタンの滝 ―― 土地の履歴をひもとく旅　畑山 義人……158
落水表情の美しいダム／無電灯地帯と北海道庁の政策／着工まで／
建設工事と大きな設計変更／壊滅的打撃／人の業と自然の力／
形の成り立ち／ダムが遺したもの

2　スズランとラベンダー ――北海道観光を象徴する花の交代　朝倉 俊一……178
北海道観光の転機となった昭和11年／北海道観光の象徴・スズランの登場／
スズランからラベンダーへ／ラベンダーを愛したアンノン族／
ラベンダー型とスズラン型の重層／「花よりダンゴ」の時代へ
【エンジニアの欄外メモ】スズランとラベンダーを楽しむ ～開花時期とイベント～

3　地域に知恵と勇気を
――どさんこ商品研究所と地域商品マーケティング　ドーコン叢書編集部……198
別海のショートチーズ／これまでの50年、これからの50年／始まりは信頼から／
地域の逸品を札幌へ／地下歩行空間の可能性／全国に波及した復興支援／
小さく叩けば小さく鳴る。大きく叩けば大きく鳴る／未来の代理店

あとがき　畑山 義人……226
執筆者プロフィール……230

I

地域の自然と暮らしをまもる

1　支笏湖の〃なぞ〃に挑む
——道内初・外来魚ブラウントラウトの自然繁殖確認の軌跡　山下 茂明

2　吹雪とたたかう防災科学　川島 由載

3　川のお医者さん奮闘記　——川の緑と砂にまつわる話　堀岡 和晃

I―1

支笏湖の〝なぞ〟に挑む

―道内初・外来魚ブラウントラウトの自然繁殖確認の軌跡

山下茂明

札幌近郊でありながら深山の自然に囲まれた
神秘なたたずまいを魅せる湖。
日本最北の不凍湖と呼ばれ、最大水深、貯水量とも
国内2位の規模を持つ懐の深い大きな器の湖だ。
そんな支笏湖には、〝ある謎〟があった。
筆者は支笏湖で偶然、見慣れない稚魚を見つける。
それが〝謎解き〟のきっかけだった。
「世界の侵略的外来種ワースト100」に指定されている悪名高き外来魚。
この稚魚こそがそのブラウントラウトだった。
〝この湖のどこかで必ず繁殖しているはず〟――探究心に火が付く。
北海道における自然繁殖の確認がいまだかつてないブラウントラウト。
それを見つける挑戦が始まった。

写真1　冬季の支笏湖流入河川を踏査し、ブラウントラウトの産卵床を探す筆者（撮影者：息子）

出遭う ～好奇心という嗅覚～

こんなこと、好きでなければやってられないな――。

深雪のラッセルで息が上がる中、苦笑いをして、ひとつ悪態をついてみる――。

気温がさらに下がってきた。吐く白い息がしつこく顔にまとわりつく。それが前髪や眉毛に氷となってへばりつく。気温マイナス15度。積雪は優に1・5メートルを超えている。

その中を、風変わりな〝いでたち〟に、ある長尺物《ちょうじゃくもの》を〝つえ〟代わりにして進む。

冬山の登山ではない。真冬の渓流を遡行《そこう》しているのである。

〝それ〟を見つけるために。いや、〝ワクワク〟するために――。

北海道千歳市にある支笏湖は、支笏洞爺国立公園に属し、日本最北の不凍湖として知られている。最大水深363メートルのカルデラ湖であり、日本では秋田県の田沢湖（最大水深423・4メートル）に次いで2番目に深い。また、面積は琵琶湖の9分の1にすぎないが、貯水量は20・9立方キロメートルと、これまた日本では琵琶湖（27・5立方キロメートル）に次いで2番目に容積が大きい。大きな器《うつわ》として存在するこの湖は、自然としての懐の深さだけではなく、神秘性をも持ち合わせている。

写真2　支笏湖の湖畔をラッセル中

写真3　支笏湖の冬季の風景

そんな支笏湖に私が通うようになったのは、支笏湖を研究する民間団体「支笏湖の水とチップの会」の活動を通してのことだった。この会は、昭和63年(1988年)に結成され、支笏湖の水質や動植物などを、会員各自が手弁当で調査し、その結果をアイヌ語のヒメマスの名から取った会誌『かぱっちぇぷ』に掲載する活動をしている。私も会員の一人だ。

平成10年(1998年)の初夏、私は会の活動として、支笏湖の魚類相について紹介すべく、支笏湖畔で魚類調査にいそしんでいた。

支笏湖は、ヒメマス(チップ)の釣り場として有名であったが、その他の魚類の生息についてはあまり知られていなかったからである。

その調査のときだった。

あれっ？　これは？？　まさか？？？

次第に語気が強まる。見慣れぬサケ科魚類の稚魚

写真4　ブラウントラウトの成魚(写真提供:三沢勝也)

写真5　ブラウントラウトの稚魚

を偶然見つけたのだ。

〝好奇心という嗅覚〟が、鋭く反応する。

稚魚の側面に点在する朱点に目を奪われる。それは、ある外来魚が持つ特徴だった。

頭の中をある思いがグルグルと巡る。そして、そうなのだと確信した。

稚魚がいるということは、この湖で自然繁殖を営んでいることを意味する。

当時、外来魚ブラウントラウトの北海道への「定着」については、いまだ不明であった。定着とは移入したある新天地において自然繁殖を行い、世代交代が行われていることを指す。ブラウントラウトは大型の魚で、魚食性が非常に強く、定着すれば北海道の河川生態系に著しい影響を与えることが懸念されていた。

この外来魚は、体の側面に独特な朱点を持つことが特徴であった。そして、偶然見つけた稚魚こそが、まさにブラウントラウトだったのである。

「コイツは必ずこの支笏湖のどこかで自然繁殖しているはず。それを突き止めたい」。私の探究心に火が付いた。

外来魚ブラウントラウト ～未知なる北海道での自然繁殖～

外来種とは、人間の活動に伴って〝意図する〟〝しない〟に関わらず、これまでその生物が生息していなかった場所に持ち込まれた動植物のことをいう。

こうした動植物の多くは、持ち込まれた先の気候に合わなかったり、食べ物がないなどの理由でめったに野生化することはない。しかし、持ち込まれた先の自然環境が本来の生息環境と類似していると適応がしやすく、野生化して定着する可能性が高まる。そして一度定着すると、もともと生息している在来種に対し、深刻な影響をもたらす場合がある。

外来種が在来種に及ぼす影響の把握、さらに駆除など今後の対策のためには、外来種の定着の有無を知ること、すなわち〝自然繁殖の確認〟が必要不可欠なのである。

ブラウントラウトはサケ科魚類の仲間で、大きいものは全長1メートルを超す。ヨーロッパ、西アジア地域などが原産地であるが、現在では放流により世界各地に分布している。

表1　外来種が在来種に及ぼす影響

捕食	もともとそこに生息していた動物や植物を食べてしまう
競合	同じような食物や生息環境を持っている在来種から、それらを奪い、駆逐してしまう
交雑	近縁の種同士で交配が起こり、雑種が生まれてしまう。種としての純血と病気などに対する抗体が失われるおそれがある
感染	これまでその場所に存在しなかった病気や寄生生物が持ち込まれ、感染するおそれがある

魚食性が非常に強く、北米では定着により、在来サケ科魚類の生息域縮小や個体数減少などの影響が報告されている。国際自然保護連合（ＩＵＣＮ）では「世界の侵略的外来種ワースト１００」に指定されている。

日本においても無秩序に放流され、至るところで定着していった場合、北米と同様の影響が生じることが懸念されていた。

そんな風に危惧されたブラウントラウトの定着についてだが、調査を始めた頃、この外来魚の生息は日本では本州と北海道の一部で確認されるにとどまっていた。本州のものは明治から昭和初期に養殖用として栃木県中禅寺湖などに持ち込まれたものであった。一方、北海道のものは主に釣り人の放流によるもので、湖、河川と無秩序に放流されていたものが確認されていた。

こうした中、国内での外来魚ブラウントラウトの自然繁殖に関する報告は、本州の事例がわずかにあるだけで、非常に乏しいものであった。ましてや原産地と自然環境的にも共通点が多く、まさに定着に打ってつけの〝北海道〟においては、自然繁殖の確認例が全く無かったのである。

模索の先にあるもの ～逆さまの地球儀～

ブラウントラウトの自然繁殖が確認できれば、北海道で初めてとなる――。かくして、支笏湖の謎―外来魚ブラウントラウト自然繁殖初確認―への挑戦が始まった。取り掛かりのころは正直、高をくくっていた。「外来種といえどもサケの仲間。日本のサケ科魚類と産卵方式は変わらないはず」と軽く考えていた。

サケ科魚類は、川底の礫《れき》を掘ってそのくぼみに産卵し、その後再び礫をかぶせて埋め戻すという産卵行動をとる。こうした場所を〝産卵床《さんらんしょう》〟というが、その部分はしばらく礫が鮮明になっているので判別は比較的容易だ。あとは産卵時期さえ押さえればいい。

ブラウントラウトに関する論文に目を通し、渓流河川において主に秋に産卵することを確認した。だから、秋になればさほど苦労せず支笏湖に流入する渓流河川で産卵床を見つけられる、そう高をくくっていたのである。

だが…、秋になっても産卵床は一向に見つからなかった。産卵場所が違うのかと思い、調査範囲を広げたが、それでも見つからなかった。

そんな折、公共研究機関でも支笏湖でブラウントラウトの調査に乗り出した。先を越されてはと焦燥感が募る。

しかし、その秋、この外来魚の産卵床は誰一人として見つけることはできなかった。何を見逃しているのか？　気づかないのは何かの思い込みに縛られているためなのか？

もう一度幾つかの論文に目を通した。確かに主に秋に産卵すると書かれている。そして付け足すように「冬季にも一部産卵が見られる」とも書いてあった。こうした記載は日本のサケでも同じである。実際、サケの多くの個体は秋に産卵し、冬に産卵する個体はあまり見られない。

そのとき引っ掛かるものがあった。

確かに冬に産卵するサケは少ない。しかし全くいないわけではない…。

そういえば自分自身も真冬の川をくまなく歩いてサケの産卵行動の観察や、産卵床調査をしたことがあったか…。

だが、ブラウントラウトの産卵床を探すとはいえ、雪深い真冬の渓流に行くなんて。研究者でさえも北海道の真冬の渓流を調査する人なんて見たことない…。

それに厳寒極まる冬の支笏湖の渓流河川で産卵だなんて…。

でも…もしかしたら…。縛られていた思い込みとはこのことではないか…。真冬の渓流を調査もしないで冬季産卵はしていないだなんて…。

確かにそんなこと言えないはずだ…。

その冬、支笏湖に流れ込む渓流河川を、上は冬山用の防寒着、下は胴長《どうなが》、足元はカンジキというでたちで踏査する〝もの好き〟の姿があった。

産卵床から卵を採取するための長尺のタモ網を〝つえ〟代わりにして、支笏湖に流入する雪深い渓流河川をラッセルしながらさかのぼる。

気温がさらに下がってきた。真冬の支笏湖、気温はマイナス15度を指している。吐く白い息や汗が、氷となって前髪や眉毛を樹氷化させる。

ラッセルにへたばりながら苦笑いをして、ひとつ悪態をついてみる。

こんなこと、好きでなければやってられないな――。

しばらく川をさかのぼる。幾時間か経ったとき、ラッセルの足が止まった。

息をのむ――。驚いたからではない。

吐く白い息で視界をさえぎられたくなかったからだ。

〝それ〟をちゃんと見るために。

写真6　冬季の支笏湖流入河川の様子
川の石の上には厚さ1.5mの雪が積もっており、まるで巨大キノコのようになっている（撮影者：息子）

写真7　冬季渓流河川を踏査する〝もの好き〟の姿（撮影者：息子）

写真8　ブラウントラウトの産卵床
卵が産み付けられて間もない産卵床は礫が鮮明になっている

眼下に真新しい無数の産卵床が広がっていた。

ドキドキする。高まる感情を抑え、産卵床を掘った。卵の採取に用意したタモ網を慎重にすくい上げる。

すると、タモ網の中でサケの卵よりひとまわり小ぶりな黄色い卵が勢いよくはじけた。

厳寒極まる真冬の凍てつく川に……、〝それ〟は、あった――。

ふと、小学校のとき、尊敬する先生から言われた言葉を思い出した。社会の時間に地球儀を見ていたときに掛けられたこんな言葉だ。

〝地球儀を逆さまや横にして見たら、世界の見え方も変わって、もっと楽しいよ〟と。

追求せよ ～エンジニア魂～

私は岩手県盛岡市出身である。県隣の秋田県に田沢湖（最大水深４２３・４メートル）という日本一深い湖がある。

この田沢湖には「クニマス」という世界でもここにしかいないサケ科の魚がいた。しかし戦時中、電力の供給強化のため水力発電所が建設され、強い酸性の温泉水が田沢湖に導水されたことにより絶滅してしまったのである。

子どもの頃、遊びに行った田沢湖畔の資料館で、ホルマリン漬けされた標本ビンに入っているクニマスを見た。その横には「クニマスを見つければ５００万円の懸賞金」と書かれたポスターが貼られていた時期もあった。子供心にも本気で発見したいと思った。幻の魚を探すという冒険的なことを想像して胸が躍ったのを今でも覚えている。このときの思い

写真9　クニマスの懸賞金ポスター
（田沢湖町観光協会）

が今回のブラウントラウト自然繁殖初確認への挑戦に駆り立てたのだろう。

創造力を持つ人間を育てるためには、子どもの頃にワクワク感を体験させることが重要と感じている。そして、創造力をなりわいとするコンサルタントエンジニアには、そうしたお手伝いの役目、役割も担っているはずだ。

そのクニマスであるが、今度は大人になった私を大いに驚かせた。平成22年12月、「絶滅種クニマス、70年ぶり確認」というニュースが日本中を駆け巡ったからである。山梨県西湖でクニマスに似た魚が確認され、京都大学の魚類学者らが調査したところ、絶滅したはずの幻の魚・クニマスだったのである。

これを受けて平成25年2月、環境省はクニマスを「絶滅種」から「野生絶滅」に見直した。魚類の絶滅指定見直しは初めてのケースという。

さて、こうして私は、産卵床と卵を見つけ、ブラウントラウトの自然繁殖を確認することができた――。

と、言いたいところだが、実はこれだけでは確実な立証根拠にはならない。確かに卵は確認したが、それがこの外来魚のものとはまだ言えないのだ。卵の形だけではブラウントラウトとは断定できないのである。

では、どうすればいいのか?

オーソドックスな方法は、卵を孵化《ふか》させ、ブラウントラウトと判別できるまで育てることなのだが…。でも、そこまでの飼育知識や経験は自分にはない。ここはその道のプロである水族館か公共の孵化場にお願いするしかないのかもしれない…。

なんかつまらない――。

ここまで来たのにそれではおもしろくない。自分の力でなんとか明かしたい。

卵を孵化させて、育てた稚魚に本種の特徴である朱点が現れることを想像してみる。

ワクワクする――。

よし、自分でやってみるか――。

そうなると次なる課題は、卵を孵化させ、稚魚を飼育する水槽の用意だ。

すなわち家庭でもできるブラウントラウト人工孵化飼育器の工作である。

野生の魚を卵から孵化させ、飼育するのは初めての経験であった。「野生魚の飼い方」などといった飼育書物を読んだり、水族館の方からアドバイスも仰いだ。

試行錯誤の中で、いろんなことが勉強になり、工夫の大切さも学んだ。

卵の中で細胞分裂が進み、眼が現れることを〝発眼《はつがん》〟というが、見つけた卵は産まれて間もないため、まだ発眼していなかった。この卵を持ち帰ると、数日後には大半が白濁して死んでいた。発眼していない卵は振動に弱く、このとき持ち運ぶと死亡率が高まること

表2　ブラウントラウトの発眼と孵化までの日数・積算温度

採卵日 1998.12.19	項目	発眼時期	孵化時期
水温 約3.5℃ 飼育	日数(日)	80	121
	積算温度(℃)	280.0	423.5
	確認日	1999.3.8	1999.4.18
水温 約8.0℃ 飼育	日数(日)	37	58
	積算温度(℃)	296.0	464.0
	確認日	1999.1.24	1999.2.14

を学んだ。

発眼や孵化といった成長段階の時期は、生息場所の温度の日々の積み重ね（総和）で決まる。〝積算温度〟といって、種ごとに数値が異なるため、これを用いることにより対象とする種のおおよその成長段階の時期が推定できる。そこで現地河川の水温から本種の卵が発眼するであろう時期を算出し、再び卵を採取しに行った。

〝的中〟だった——。

成功 ～地道な作業の積み重ね～

卵のあった現地の渓流河川の水温は1～3℃だった。

急激な水温差は卵の死亡率を高めるおそれがある。そこで水温を現地と近いものにするため、人工孵化飼育器である水槽は屋外のガレージに置くことにした。水槽の温度調節にはクーラー機能併用の水槽用ヒーターが適していたが、いかんせん高価。そのため安価なヒーター単体のものを用いたが、これでは冬季にわが家のガレージに置いて凍らさない程度に水温を低く保つには、水槽を大きなものにしなければならなかった。

問題は水槽の水の確保である。水は現地のものを使った方がいいはずだ。しかし、水槽が大きくなると水くみが大変になる。そこで思いついたのが二重水槽である。大きな水槽の中に飼育用の小さい水槽を入れ、大きな水槽には水道水を、小さな水槽には現地の水を入れることにした。このとき水温が適正に保たれるように、大きな水槽については幾つかのサイズを用意し

写真10　ブラウントラウトの卵から稚魚までの発育段階の標本
左から「卵」→「発眼卵」→「孵化仔魚初期」→「孵化仔魚中期」→「孵化仔魚後期」→「浮上稚魚」→「稚魚」までの発育段階を示している

て試験を行ったりもした。その際、経費節約のためプラスチックの大型衣裳箱を大きな水槽の代用として利用したりもした。

そうした試行錯誤を経て、水温を現地と同じように低温に保つことのできる自家製ブラウントラウト人工孵化飼育器が完成したのである。

しかし、そこから先が地道な作業の連続であった。毎日、水温・水質を管理し、卵や稚魚の状況を記録した。飼育用水槽の水は支笏湖のものを使っていたが、新鮮な水の状態を維持するため、水くみに冬の支笏湖まで何度も足を運んだりした。

また孵化した稚魚は共食いを始めるので、孵化後は飼育水槽を間仕切りするなどの工夫も必要だった。さらに稚魚は成長するにつれて神経質になり死亡率が高まることから、リスク分散のため稚魚の一部の飼育を「千歳サケのふるさと館」にお願いしたりもした。

かくして月日が流れた。そしてついにこの外来魚の証しとなる朱点が稚魚の体に浮かび上がった。紛れもなくブラウントラウトであった。

謎の稚魚の発見から、ブラウントラウトの北海道自然繁殖初確認まで1年数カ月を費やした。成果達成は、結局は〝地道な作業のたまもの〟だった。

そして、やはり仕事以外にこうした時間を割くのだから、家族、特に妻には大変負担を掛けた。この場を借りてお礼を言いたい。ありがとう――。

道新聞　1999年(平成11年)7月25日(日曜日)

生態系乱す外来魚　ブラウントラウト

支笏湖水系で繁殖確認

札幌のグループ「影響探る手掛かりに」

魚食性が強く生態系への影響が懸念されている欧州原産の外来
繁殖していることを、札幌の自然研究グループが確認した。正式
の生態系に及ぼす影響を探る手掛かりになれば」と期待している。

ブラウントラウトはイワナ属の魚で、成魚は体長八〇サンにもなる。肉食でほかの魚や卵を捕食するほか、近縁のアメマスなどと交雑して遺伝子汚染を引き起こす恐れなど、生態系を乱す問題が指摘されている。釣りの対象として、個人が放流する例もあるという。

グループは環境調査の仕事に携わる会社員五人でつくる「タモ網隊」。同湖に在来のアメマスや移入種で名産のヒメマスの保護に役立てようと、昨年十二月から今年一月にかけて同湖に流れ込む美笛川流域をタモ網で調査。サケ科の魚のものとみられる産卵床から卵約二百粒を採取し、千歳サケのふるさと館に持ち込み、ふ化させた。

稚魚を同館が飼育したところ、先月中旬までに体長約四サンに育ち、朱色の斑点

（23）地方　札近　（第3種郵便物認可）

札幌圏 Sapporo area

ひとはなし

支笏湖の〝なぞ〟に挑む

「支笏湖には釣り人や観光客など多くの人が訪れますが、自然の姿は意外に解明されていません。腰を据えて、一つ一つ解き明かしたい」と話すのは、この夏、同湖で外来魚ブラウントラウトの自然繁殖を道内で初めて確認した札幌の自然研究グループ「タモ網隊」の山下茂明さん(33)。岩手県出身で、九年前から札幌市内のコンサルタント会社に勤務し、自然環境の調査を担当している。昨年、釣り好きの同僚ら五人と同グループをつくった。「支笏湖では、産卵場所をめぐって在来種と外来種が競合している可能性がある。業務とは別に、在来種の保護へ向けて実態を解き明かすのがテーマです」

グループの名の通り、タモ網を携えて支笏湖周辺を探索しており、厳寒のさなか、いてつく水中で産卵床を調べることもある。

「最近の子供たちは、生き物に触れる経験が少なくなっています。調査結果はリポートにまとめて公表しますが、子供たちが自然を知る手掛かりにもなってくれるといいですね」

写真11　新聞取材記事
（上・北海道新聞朝刊 1999.07.25／下・北海道新聞朝刊 1999.10.20）

平成11年（1999年）、本成果は「支笏湖の水とチップの会」の会誌『かぱっちぇぷ』に報告したほか、日本学術研究団体である「野生生物保護学会」で発表した。また、北海道新聞、朝日新聞などの取材を受け記事が掲載された。

これが契機になったのか、北海道におけるブラウントラウトへの関心が一般市民の間でも高まり、大学機関や公共研究機関も本格的な調査に乗り出した。本成果は、北海道の外来種に対する問題提起の一つとして、その役割を果たした。

そして今、ブラウントラウトは、わが国において注視していかなければならない外来種として位置づけられており、「特定外来生物による生態系等に係る被害の防止に関する法律（環境省2005年）」では〝要注意外来生物〟に、「北海道ブルーリスト（北海道2010年）」では〝緊急に防除対策が必要な外来種〟に選定されている。選定条件には、対象となる外来種の定着状況、すなわち自然繁殖の有無が重要な項目となっており、本成果はこうした選定の際の資料としても役立てられている。

エンジニアの視座で　〜現場での気づきから〜

私が普段携わっている仕事は、河川分野における河川環境の保全、創出などである。自然の営みの美しさ、懐の深さに惹かれてこの道を選んだ私は、探究心がそそられる事象に出遭うと業務との関係に関わらず、オフのときも時間を見つけては現場に向かいこのような調査・研究にかまけている。それが自分の視野を広げ、エンジニアとしての〝気づき〟のセンスを磨いてくれるからだ。

平成23年3月11日、深く悲しい出来事が起きた。

岩手県三陸海岸は、父の仕事の関係で幼い頃からよく通った場所であり、私にとっては、実家のある盛岡に次ぐ第二の故郷でもあった。

私は今、帰省などを利用して定期的に岩手三陸を訪れ、被災間もない姿、復旧の姿、始まったばかりの復興の姿を記録している。津波で失ったものは計り知れないが、現場に立つと、海岸に連なる松林、リアスの入り江に流れ込む里山河川など三陸の原風景、景勝美を創り上げていた自然もたくさん失ったことを改めて知る。そうした被災した自然環境や社会環境をつぶさに調べ、そこから得られた復旧・復興に役立つヒントの〝気づき〟を何か少しでもいいから発信していこうと思い現場に出向いているのだ。

コンサルタントエンジニアの技術は、先輩技術者から営々と引き継いできた技の蓄積により成り立っている。それらは現場での〝気づき〟から見出したものも多いはずだ。私もその一助になればよい。

写真12　岩手県陸前高田市の被災した高田松原跡
海岸沿い2kmに亘る7万本のクロマツからなる松林があったが、全てなぎ倒されていた。津波被害の緩和策として防潮林を考えた場合、津波の威力が弱まっていく内陸側に設けることで、より効果が期待できるのではないかと現場で感じた

「支笏湖と三陸」、そして「外来生物と津波被害」。場所と被害の様態に大きな違いはあるが、自然の営みを守り、社会のインフラ整備に貢献するということを命題に持つコンサルタントエンジニアとしての目線に変わりはない。

（エンジニアの欄外メモ）

ブラウントラウト（学名：*Salmo trutta*）

ブラウントラウト成魚
（写真：三沢勝也）

▼ブラウントラウトとは

ブラウントラウトの原産地は、ヨーロッパ、西アジア地域などであるが、現在は放流によって北米、南米、オセアニア地域など世界各地に分布している。北海道では1980年代から生息が確認されていた。大型のものは全長1mを越し、引き味も強いことから釣り人の人気も高い。

ブラウントラウト孵化仔魚標本

▼ブラウントラウトの孵化仔魚《しぎょ》

卵から孵化した仔魚はしばらくの間、お腹に抱えた卵黄嚢《らんおうのう》から栄養分を吸収して成長していく。卵黄嚢の栄養分を吸収し終えると産卵床から外に出るが、これを浮上稚魚という。

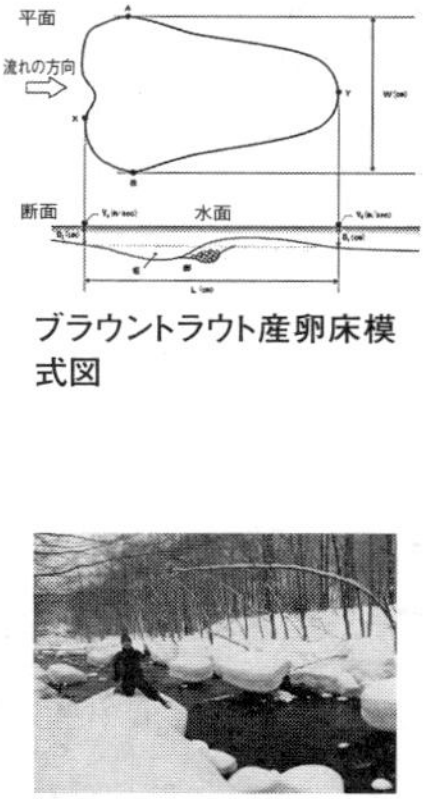

ブラウントラウト産卵床模式図

▼ブラウントラウトの産卵床

図はブラウントラウト産卵床を模式的に示したものだ。今回の調査では、産卵床サイズ、物理環境についても記録した。産卵床は主に水深（D）20～40㎝、流速0・4～0・6m／秒の箇所にあり、産卵床サイズの平均は長さ（L）が290㎝、幅（W）が140㎝程度であった。

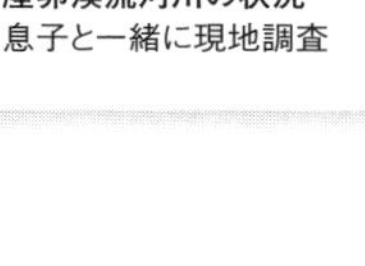
産卵渓流河川の状況
息子と一緒に現地調査

▼ブラウントラウトの産卵渓流河川

産卵床調査は12～3月にかけて実施した。冷え込んだときは氷点下20℃近くにもなり、深雪のときには現場までラッセルをして雪を漕いで行った。今回、本書の写真撮影ということで、息子をカメラマン役として初めてこの現場に連れ出した。楽しげでいいことだ。

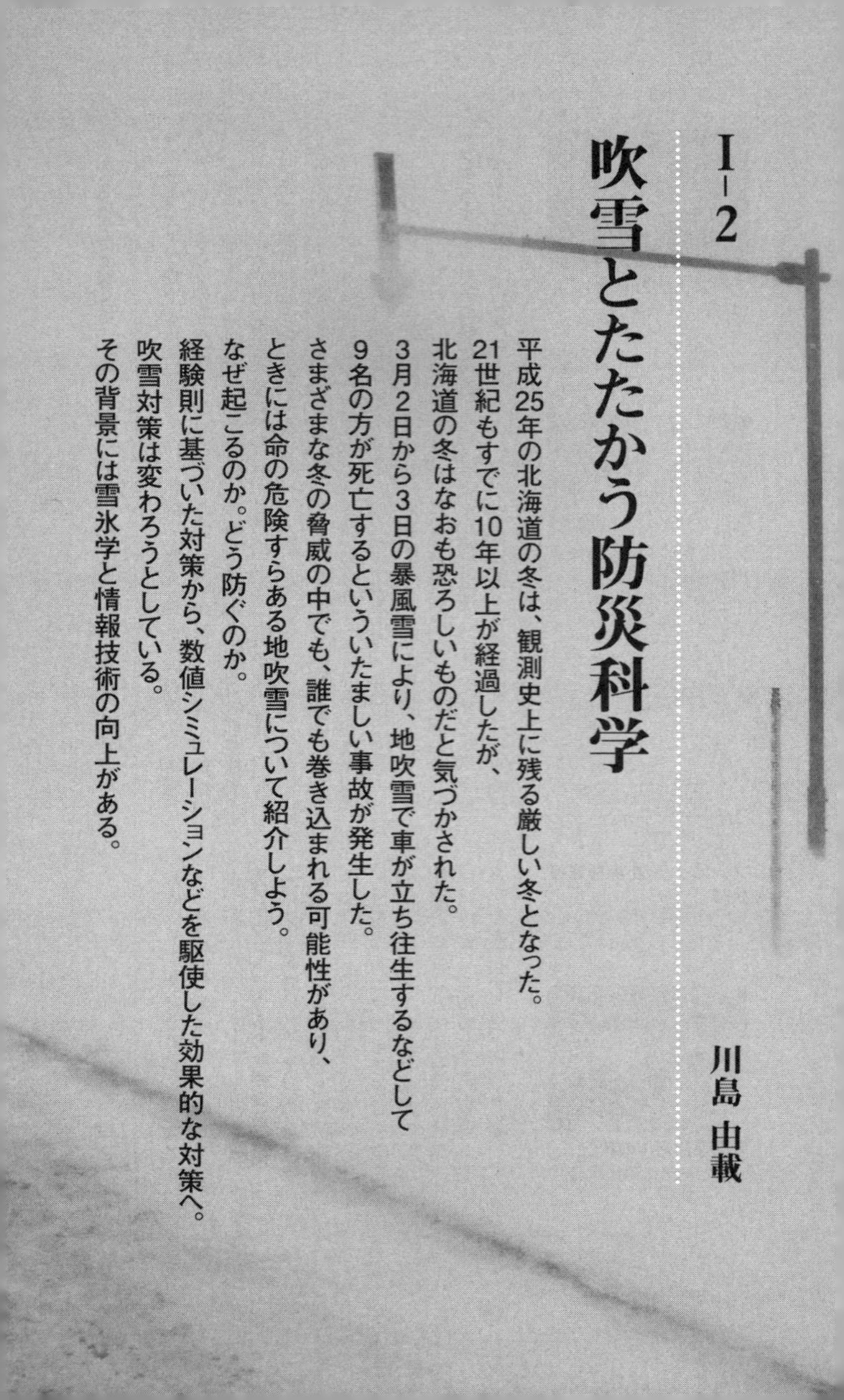

I－2 吹雪とたたかう防災科学

川島 由載

平成25年の北海道の冬は、観測史上に残る厳しい冬となった。
21世紀もすでに10年以上が経過したが、
北海道の冬はなおも恐ろしいものだと気づかされた。
3月2日から3日の暴風雪により、地吹雪で車が立ち往生するなどして
9名の方が死亡するといういたましい事故が発生した。
さまざまな冬の脅威の中でも、誰でも巻き込まれる可能性があり、
ときには命の危険すらある地吹雪について紹介しよう。
なぜ起こるのか。どう防ぐのか。
経験則に基づいた対策から、数値シミュレーションなどを駆使した効果的な対策へ。
吹雪対策は変わろうとしている。
その背景には雪氷学と情報技術の向上がある。

写真1　国道244号標津町川北での地吹雪(平成25年1月)

風速9メートルを超えると注意が必要

地吹雪は、端的に言えば降り積もった雪が風で飛ばされる現象である。気象条件では、新雪が積もり、気温がマイナスで風速が5メートルを超えると雪が飛び始める。また、吹雪は降雪と地吹雪が混ざったものをいう（写真2）。

地吹雪と温度、風速との間には相関関係があり、マイナス2度以下で風速9メートルを超えると雪は目線よりも高く飛び始める（図1）。こうなると自動車を運転しているドライバーの視界に影響を与えてくる（写真3）。

風速13メートルを超えると「猛吹雪」と言われる状態となり、ほとんど視界が利かない。いわゆるホワイトアウトという状態だ。冬山登山などでもホワイトアウトに襲われることがある

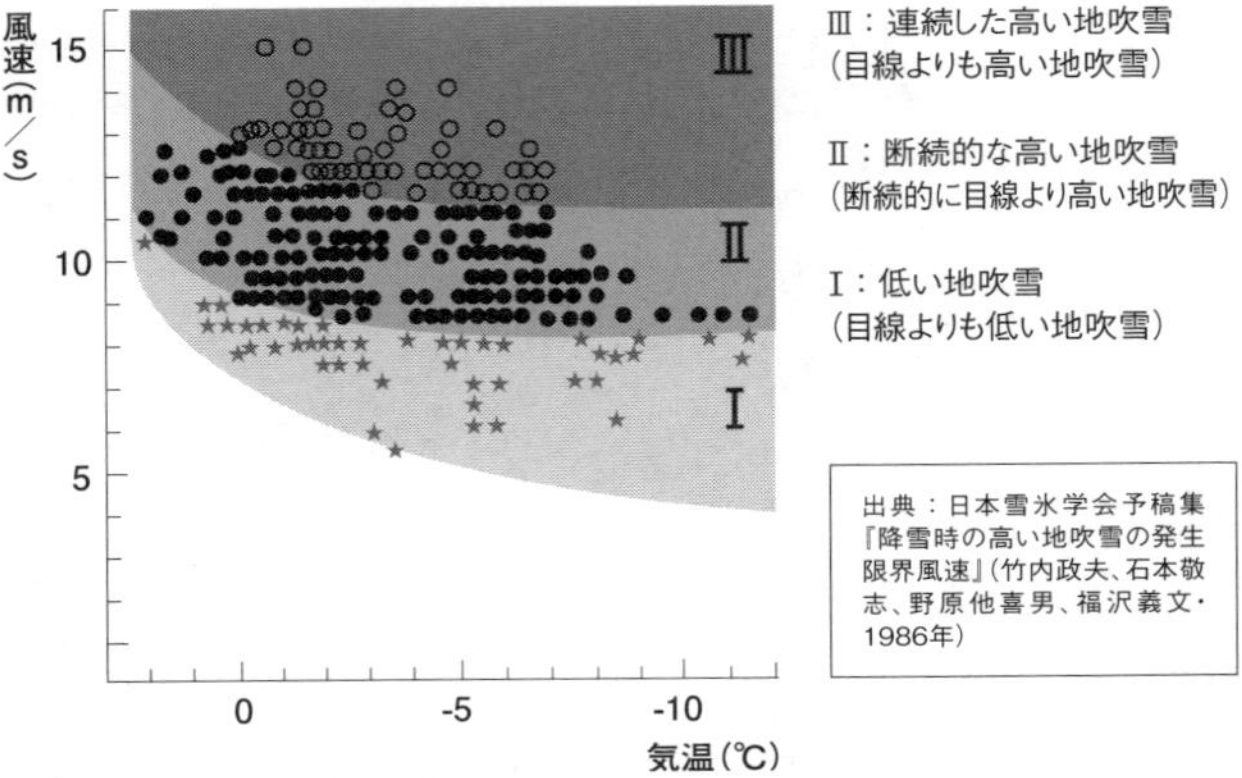

出典：日本雪氷学会予稿集『降雪時の高い地吹雪の発生限界風速』（竹内政夫、石本敬志、野原他喜男、福沢義文・1986年）

図1　吹雪発生限界風速（降雪時）

写真2　低い地吹雪(国道243号)

写真3　高い地吹雪(国道243号)

写真4　国道274号での立ち往生

が、高山では雪粒に雲や霧が混ざる場合があり、平地よりも風速が低い場合でもホワイトアウトが起こる。平地でのホワイトアウトの原因はほとんどが強風下での地吹雪によるものだ。ホワイトアウトが発生するような吹雪は、夜よりもむしろ昼の方が危ない。雪が太陽の光を乱反射し、一層ホワイトアウトを強くしてしまうのだ。そして風速15メートルを超えると、多くの道路で通行止めが実施される。

辺り一面が真っ白になってしまうような地吹雪も、実は高さによって飛雪《ひせつ》の濃さが異なる。下の方には大量の雪が流れ、上になるほど雪は薄い。学生の頃、吹雪時の飛雪量の調査に参加したことがある。飛雪を捕獲する袋を高さを変えて設置し、袋の中に入る雪の量を比べてみた。その結果、地上に近づくほど指数関数的に雪が増えることが確かめられた。

天気が良いからといって決して安心できないのが地吹雪である。平成20年2月23～24日、道央圏が吹雪に襲われ、長沼町で140台もの車両が、千歳市では60台の車両が吹雪に立ち往生する吹雪災害が発生した（写真4）。

この時、長沼町近郊では5メートル以上の強風が計29時間にわたって発生した。ピークには風速13メートルに達し、降雪がおさまった後も地吹雪は継続した。地吹雪は、青空の下でも生命を脅かしかねない規模で発生するという怖さを示した。事実、この吹雪により豊浦町で吹きだまりに立ち往生した車の中で1名が亡くなっているのだ。

地吹雪は積もった雪が風で飛ばされて起こるので、温度が低くパウダースノーが降り積もっているときや雪を供給する面積の広い、開けた平原では激しくなる。道東、道北地方の広大な畑作地帯、牧草地帯を通るときは特に気をつけたい。平成25年3月2日から3日の暴風雪では北海道全域で9人の犠牲者を出したが、4人が亡くなった中標津町俣落《またおち》は、地平線が見えることで人気の開陽台に近い広大な酪農地域の真ん中だった。

また海沿いの地域は風が強く、激しい吹雪に襲われやすい。なかでも石狩から留萌、稚内を起点としたオホーツク沿いは注意が必要だ。山間部や太平洋側でも、地元で「○○○おろし」「○○○だし」と呼ばれるような局地風が吹き抜けるところは激しく吹雪くことがある。

爆弾低気圧がもたらした平成25年の暴風雪

大規模な吹雪災害は、1月から3月にかけて起こりやすい。いわゆる西高東低という冬型の気圧配置になり、天気図上で北海道に等圧線が4本以上かかると危ないといわれている。線1本が4ヘクトパスカル、4本で16ヘクトパスカルとなり、密集すると風速10メートル以上の風が吹きやすくなるのだ。

特に、平成25年3月の暴風雪は爆弾低気圧（急速に発達する低気圧）によるもので、等圧線の間隔が台風のように狭くなっていた。低気圧の急速な発達時には、天気の急変に注意する必要がある（図2）。

爆弾低気圧とは、北海道の緯度では中心気圧が24時間で20ヘクトパスカル以上低下する温帯低気圧をいう。日本付近は大陸の東側にあたり、この低気圧が発生しやすい地域に位置している。

多くの場合吹雪は短時間で収束するが、ときには数日にわたって吹雪く場合がある。西から東に流れる偏西風が高気圧によってブロックされる「ブロッキング高気圧」によって、低気圧が北海道近くで長くとどまることがある。こうした気圧配置になると、吹雪が長時間続く。平成16年1月、北見地方を150年に一度という観測史上最大の大雪が襲ったが、

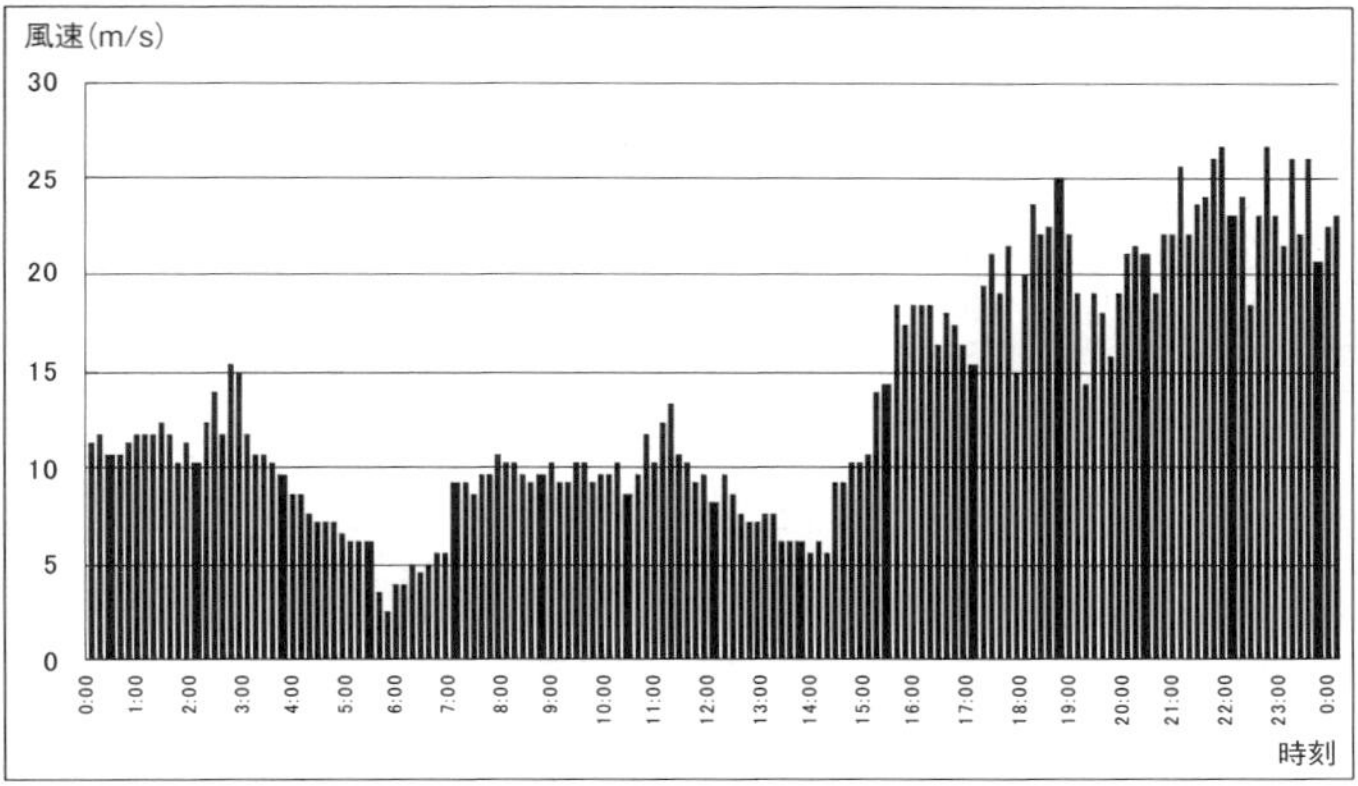

図2−1　2013年3月2日の根室中標津(アメダス)の10分ごとの最大瞬間風速の変化
この日の午前中までやや風の強い状態だったが午後には回復したかのように見えた。15時ころに天気が急変し、6m/s前後から一気に18m/s前後の暴風雪となった

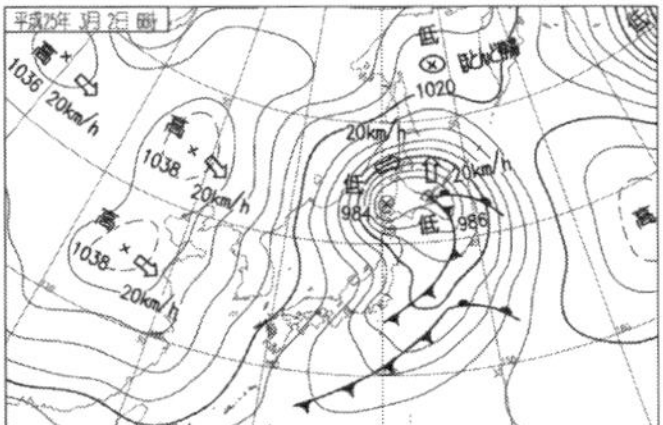

[平成25年3月2日 6時]

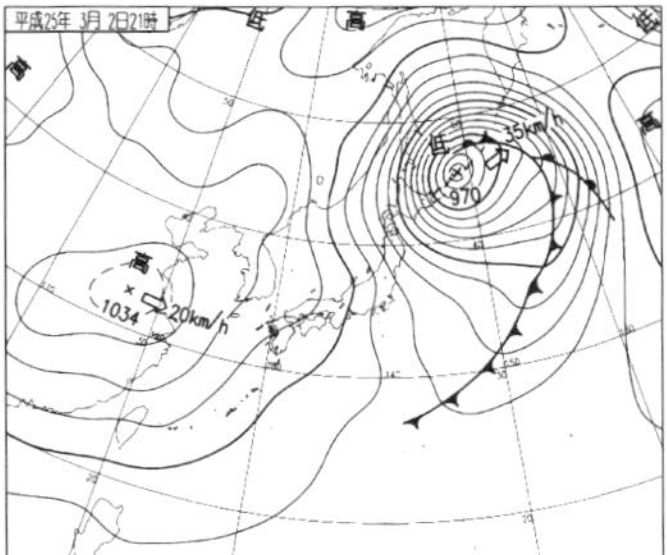

[平成25年3月2日 21時]

図2−2　道東地吹雪災害発生時の天気図
地吹雪発生の原因は天気図を見るとよく分かる。北海道が2つの低気圧の間に入り一時的に風が弱くなった。その後低気圧は1つになって東へ進んだため、等圧線の混んだ部分がやってきて天気が急変し、暴風雪となった

この時は吹雪が13日夜から3日間続いた。吹雪を避ける方法として天気図の見方を覚えておくのは有効であろう。

北海道に降り積もる雪は、日本海からもたらされるものだ。冬になると大陸から日本に向かって乾いた季節風が吹く。一方、日本海には暖流の対馬海流が北に向かって流れている。海面から水蒸気が発生し、これが雪雲へと成長して、季節風によって北海道にやって来るのだ。

北陸地方の豪雪は、雪雲が標高2000メートルを超える脊梁《せきりょう》山脈に行方を阻まれることで起こるが、1000メートル程度の高さでは雪雲をさえぎることができない。日本海側に高い山のない北海道では旭川市などの内陸部でも多くの雪が降る。

近年、気象のブレ幅は大きくなっており、これからも突発的な気象災害に注意が必要だ。

風雪を制御する防雪柵

日本海から絶え間なく雪の〝源〟が供給される北海道は、世界的にも有数の豪雪地帯となっている。札幌市のような190万もの人口を抱えた大都市が積雪寒冷地にあるのは世界地図を見ても他に例がない。ひとえに明治期以降、雪とのたたかいの中で少しずつ人

写真5　国道40号 天塩町雄信内防雪林

間の活動範囲を広げてきた結果である。ここでは道路を中心にどのような吹雪対策が行われているか、見てみよう。

北海道の歴史の中で、最初に吹雪対策に取り組んだのは鉄道だった。線路沿いの風上に防雪林を植え、吹雪から線路を守ろうとした。日本で最初の鉄道防雪林は明治26年の「東北鉄道・岩手県水沢駅~青森県小湊駅間」と言われ、北海道では「宗谷線剣淵・士別間鉄道防雪林」が平成17年度・土木学会選奨土木遺産に指定された。

戦前から吹雪対策が取り組まれた鉄道と違い、道路の吹雪対策が始まったのは戦後である。本格的な国道除雪は昭和31年制定の「積雪寒冷特別地域における道路交通の確保に関する特別措置法」(雪寒法)によって公共事業として位置づけられてからであり、まだ50年と少しの歴史しかない。

広い面積を必要とする防雪林に代わって道路での吹雪対策の主流となったのは防雪柵である。防雪柵には大きく分けて「吹きだめ柵」「吹き払い柵」「吹き止め柵」の3つの種類がある。

最初に普及したのは「吹きだめ柵」である。「吹きだめ柵」は道路から離れたところに設置し、地吹雪が道路に至る前に柵のところで雪を落としてしまおうというものである。吹雪が障害物に出会うと渦を巻き、そこが吹きだまりになってしまう特性を利用し、吹きだまりをコントロールする技術で、地吹雪の挙動が解明されてきたことから積極的に取り入れられるようになった。道路横に広がる畑地や牧草地に設置されるが、雪解けになると撤去されるのでドライバーの印象には残らない（図3）。

欠点としては、道路から相当離して設置する必要があり、設置場所が限定されてしまうことが挙げられる。また、仮設になるケースが多く、設置・撤去の手間や使わない時の保管場所の確保に課題があること。柵の前後にたまった吹きだまりの融雪に時間がかかることなどもある。

次に普及したのは、道路用地内に設置できる「吹き払い柵」だ。角度を設けた防雪板によって風を地面方向に誘導し、風の力で路面の雪を吹き飛ばしてしまおうというものである。飛行機の羽のような防雪板の大きさや形状によって、風の強さや吹き払う距離に応じ

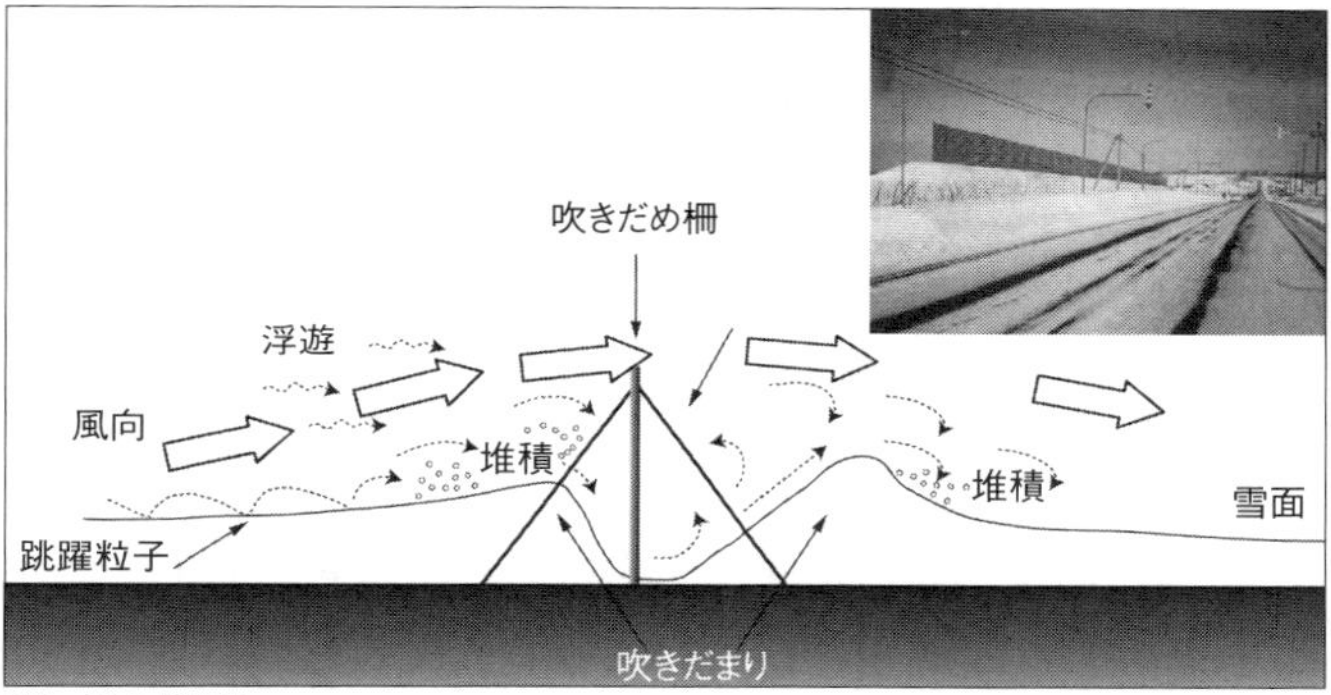

図3　吹きだめ柵

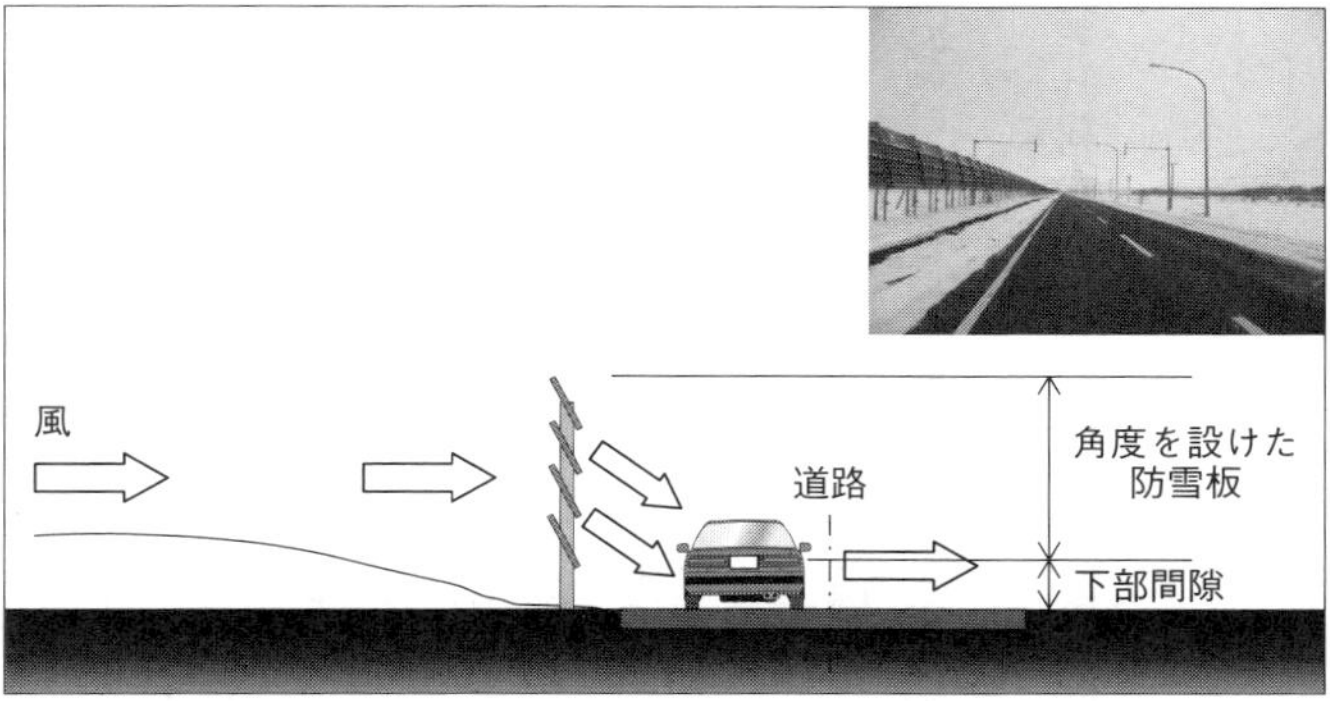

図4　吹き払い柵

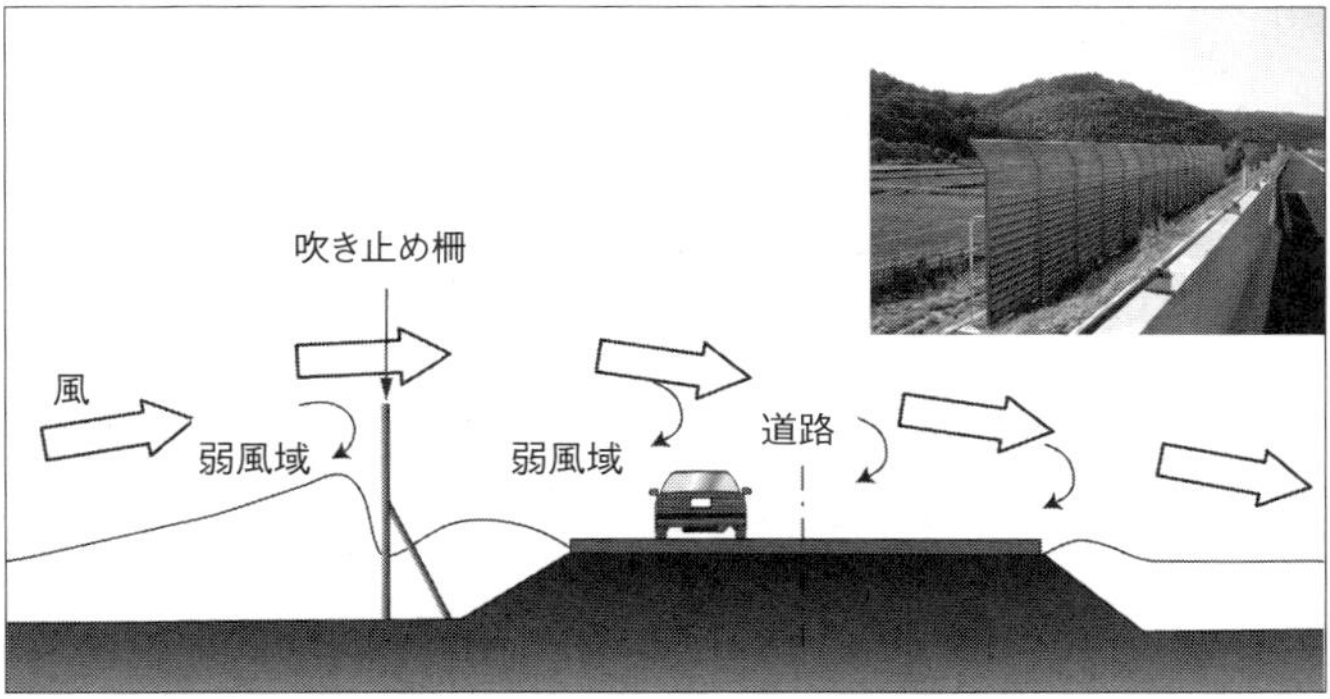

図5　吹き止め柵

て使い分けができる。風の強い場所での効果は顕著で、真冬でもアスファルトが見える道がある。道路の路肩付近に設置できることも強みとなる（図4）。

一方で欠点は大雪に弱いところと言える。積雪によって柵の下部が雪に埋もれてしまえば、吹き払い効果が失われ、逆に吹きだまりをつくってしまう。30年確率で積雪量が1メートル50センチを超えるところには向かないとされている。また吹き払い効果の及ぶ範囲には限りがあり、主にこれが設置されているのは上下二車線道路である。風を真っ正面から受け止めないと効果が小さく、逆風の場合は道路に吹きだまりをつくってしまうことがある。どこに、どのようなものを設置するか、慎重な計画が求められる。

「吹き払い柵」の設置が難しい雪の多い地域では、風上に「吹き止め柵」を立てる（図5）。「吹き払い柵」が道路の路肩に設置されるのに対して、「吹き止め柵」は路肩から6・5メートル程度離して設置されている事例が多い。「吹き止め柵」は防雪板が直立した柵で、道路の風上で風と雪を止めるものだ。柵の道路側に多少雪がたまってしまうので道路から離さなければならない。

このように防雪柵にはそれぞれ利点と欠点があり、設置場所の条件や環境に応じて最も効果的な防雪柵を選択する。

吹雪を追いかける移動気象観測車の開発

防雪柵などの吹雪対策の検討は、現場の定点気象観測と雪況調査から始める。定点気象観測は、自動の気象観測装置を設置し、ひと冬の間、温度や風向き、積雪深などの気象条件を記録する（写真6）。防雪柵の検討を行うには風の方向を知ることが大切で、例えば「吹き払い柵」は道路の両側から風が来るような場所では使えない。こうした場所では両側に吹き止め柵を設けるか、または防雪林の設置を考える。防雪柵や防雪林では対処できない場合はスノーシェルターを設置する。周辺の地形などにより気象条件は複雑に変化することが多く、現地の気象特性を把握するためには気象観測は必要不可欠である。

雪況調査は、路線上のどこで視程障害や吹きだ

写真6　国道238号稚内市における定点気象観測の実施状況

まりが発生しているのかを確認する調査である（写真7）。調査は吹雪の発生時にタイミング良く行うことが重要なため、天気予報を確認し吹雪が発生しそうな日を選んで現地に入る。定点気象観測の自動観測装置だけでは〝点〟のデータしか得られないため、実際に現地の雪の状況を確かめることが必要なのだ。また、現地の状況に詳しい除雪業者にヒアリングをして事前に状況を把握することも重要となる。

調査は安全確保が第一で決して無理はしない方針で実施し、吹雪がひどくなり走行不能になる前に撤収する。それでも前方で停止している車が突然現れてヒヤッとしたこともある。吹雪にさらされる現場では、立ち止まってじっくりと野帳（フィールドノート）に記帳するゆとりはなく、ひたすら写真を撮る。写真の撮り方も雪の技術者のノウハウである。

それでも定点観測によるデータ、人の脚を使った雪況調査で収集するデータに限界を感じることは少なくなかった。特に吹雪の場合、交通に障害が起こるようなものは短時間で収束し、場所も刻々と変化することが多いため、人の脚ではこの現象を捉えきれないのだ。苦労して現場にたどり着いた途端に止んでしまったことも一度や二度ではない。

そこで私たちが開発したのが、吹雪用の「移動気象観測車」である。平成12年から半年かけて開発し、平成13年から運用している。自動車に取り付けた各種観測機器により、気温、風向、風速、視程、路面温度の一秒ごとのデータが、時速35キロ前後で走ると10メー

写真7　国道244号標津町における雪況調査の実施状況

写真8　移動気象観測車による吹雪調査

トルごとのデータとして収集できるものだ（写真8）。

それまでは視界不良で観測地点の位置確認も大変だったが、移動気象観測車にはGPSが搭載され、観測地点が正確に記録される。吹雪の中を何度も往復し、平均値を取ると路線上の気象条件の違いが見えてくる。これによりそれまで点のデータであったものが線としてつながり、気温、風向、風速、視程などの吹雪の状況を定量的に把握できるようになった。

防雪の新技術

防雪柵に共通する欠点は、景観を楽しむ妨げになるということである。特に風景の美しい開けた農村地域や海岸線に設置されることから、夏場の防雪柵は困りものだ。そこで近年は夏の間、防雪板を収納して見通しを確保するものがある（写真9）。また、道産材を使った木製の防雪柵も登場し、北海道らしさを印象づけている（写真10）。

道路の防雪林は広い設置場所を必要とするのであまり導入が進んでいなかったが、吹雪研究の進歩に伴い、鉄道防雪林ほど幅広くなくとも防雪効果が認められたことから、近年、見直されている。鉄道時代から続く長い研究と実践の結果、トドマツかエゾマツを中心に

写真9　トウフツ湖の吹き払い柵（折畳式）

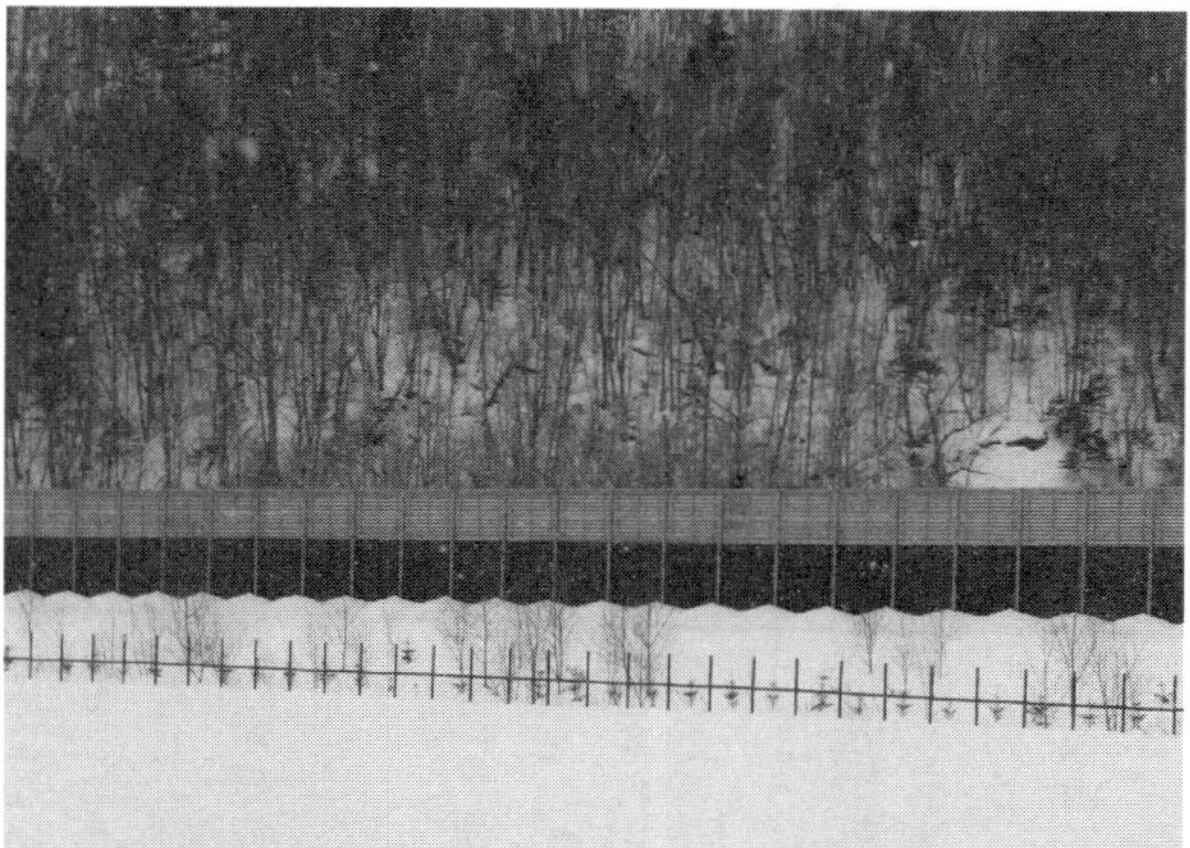

写真10　旭川紋別自動車道の木製防雪柵

写真11　国道40号豊富バイパスの緩勾配盛土

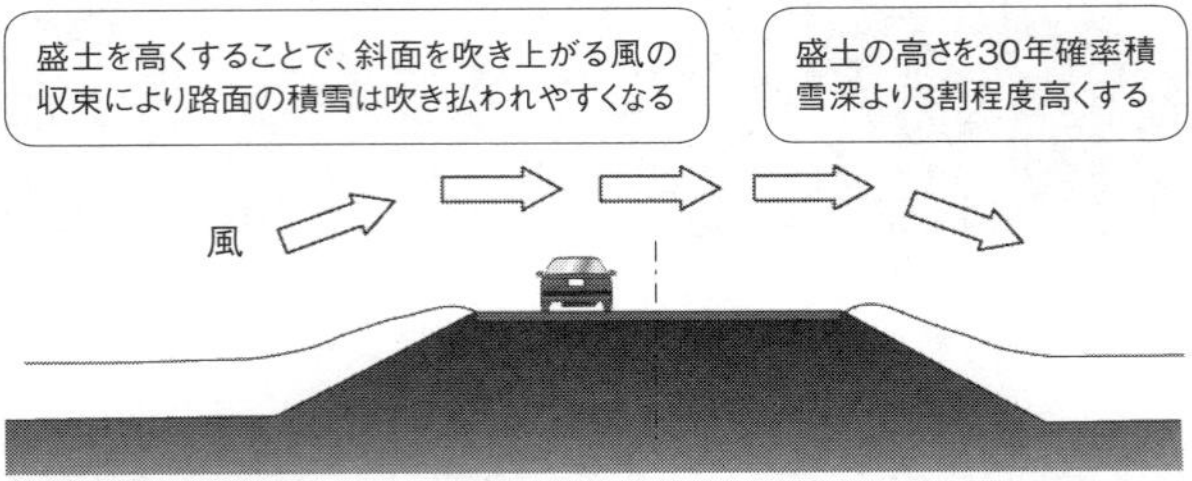
盛土を高くすることで、斜面を吹き上がる風の収束により路面の積雪は吹き払われやすくなる
盛土の高さを30年確率積雪深より3割程度高くする
風

図6　防雪盛土

して、道路に風が吹き込まないように針葉樹を配置するという基本形が「独立行政法人土木研究所 寒地土木研究所」が発行した『道路吹雪対策マニュアル』で定められた。

防雪林は、樹木が生長して効果を発揮する期間が必要で、それまでの間、防雪柵などを代用しなければならない。そこで防雪板をリサイクルできるようにし、防雪林が生長した時点で外して、別の現場で活用する手法の導入が稚内で始まっている。

土工による防雪対策技術に「防雪盛土」がある（図6）。こ

写真12　国道232号初山別村栄の防雪切土

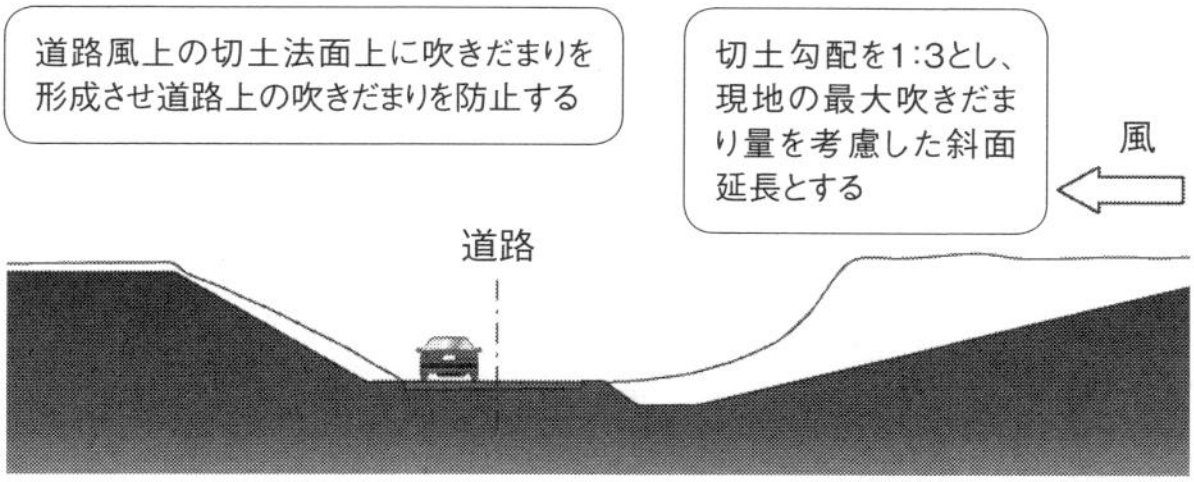
道路風上の切土法面上に吹きだまりを形成させ道路上の吹きだまりを防止する
切土勾配を1:3とし、現地の最大吹きだまり量を考慮した斜面延長とする
風
道路

図7　防雪切土

れは盛土をして路面を高くすることで路面に雪が溜まらないようにする技術だ。盛土の高さは、30年確率で積もる最大積雪量の1・3倍以上にすることが定められている。また、これの発展形として「緩勾配盛土」という技術も取り入れられている。盛土の高さに対して斜面の長さを4倍という緩やかな斜面とすることで、路面の吹きだまりを防ぐもので、国道40号豊富バイパスに導入された（写真11）。

防雪盛土とは逆に「防雪切土」という技術も実用化されている（図7）。これも法面傾斜の角度を工夫することで、道路に届く前に斜面上に雪を落としてしまう技術で、法面の高さ1に対して3の長さの傾斜をつけることでこの効果が現れることが確認されている。国道40号や国道232号、238号などで導入された（写真12）。

吹雪のコンピューターシミュレーション

近年、吹雪対策は、現地の気象条件や地形条件にふさわしい効果的な対策を検討段階で検証することができるようになった。これには雪氷学の進歩と情報技術の向上が背景にある。

吹雪の初期の研究は、旧国鉄の研究者による吹雪対策からスタートした。吹雪による吹きだまりが鉄道輸送の障害となったためである。その中で、風速と気温による地吹雪発生限界図は以降の地吹雪研究に指針を与えた。

その後、吹雪現象の科学的な解明などを行う雪氷学は、北海道の研究者、とりわけ世界で初めて人工雪の製作に成功した中谷宇吉郎博士が開設した北海道大学低温科学研究所に学んだ研究者、技術者を中心にして研究が進められた。そして、風洞実験装置の導入により、それまで勘に頼るしかなかった吹雪対策を防雪工学といえる段階にまで飛躍させた。さらに雪粒の運動方程式が明らかにされ、これを契機に吹雪現象の物理的な解明が進んだ。

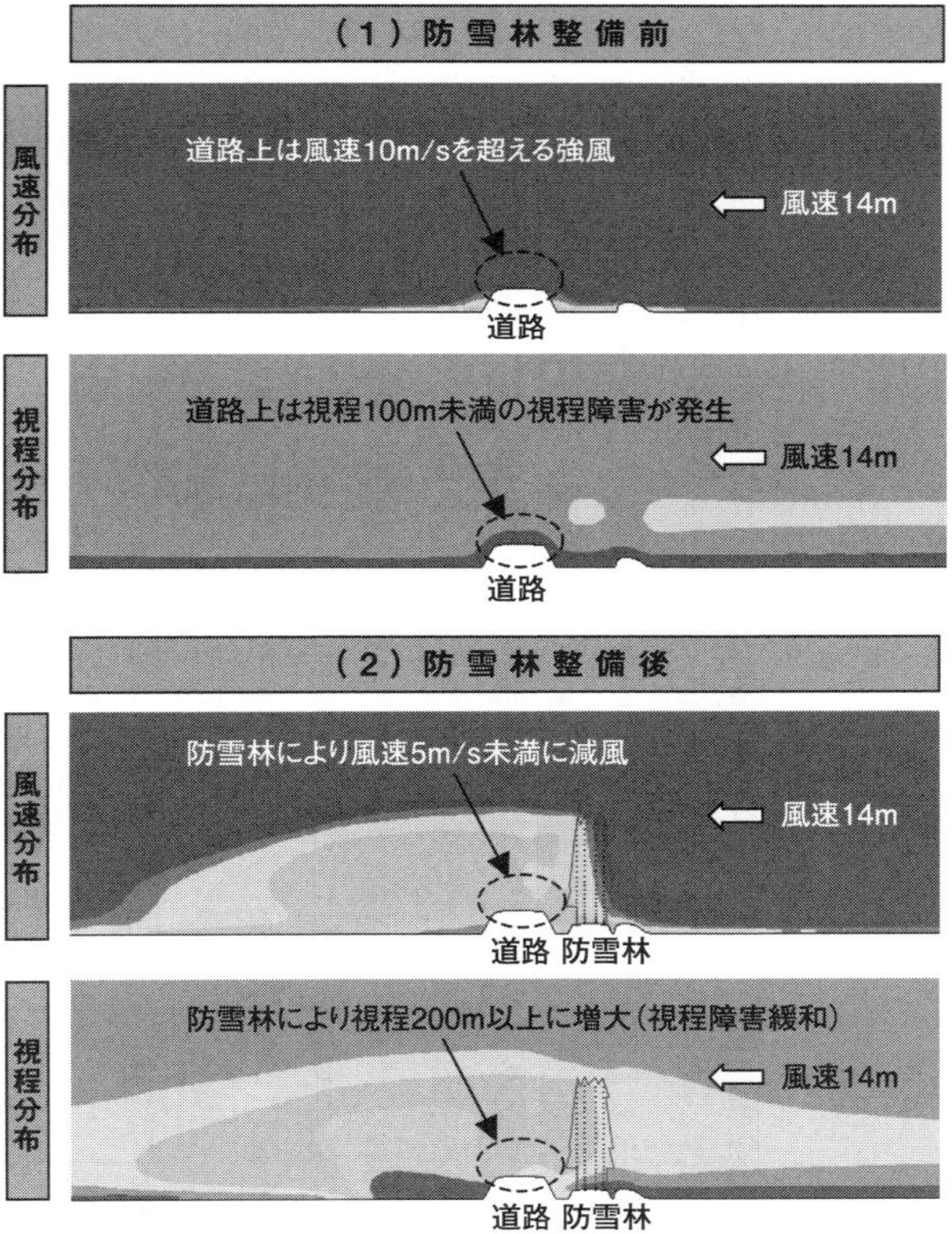

■吹雪数値シミュレーション
地形と道路構造、防雪林、風向・風速等の気象条件を入力し、コンピューター上で数値計算を実施。防雪対策実施前と実施後の道路上の風速や視程の比較が可能

(1)防雪林整備前
道路上で10m/sを超える強風。道路上で視程100m未満の視程障害

(2)防雪林整備後
防雪林整備後は風速5m/sに減風。視程200m以上に緩和

図8　吹雪数値シミュレーションによる防雪林整備前と整備後の比較

吹雪の運動方程式が明らかになっているのならば、コンピューターでシミュレーションしてみたい。雪の技術者ならば誰もが夢に見ることである。

平成18年、「独立行政法人防災科学研究所」との共同研究でコンピューターを用いた「吹雪シミュレーション」を開発することが決まった。

雪の挙動を示す数式を使った計算結果と実際が一致するようになるには相当な苦労を要した。毎回、さまざまなパラメータを現場とすり合わせる作業を繰り返し、実際の状況と計算結果が合うまで試行錯誤を重ねた。シミュレーション結果と実際の計算結果が一致し始めたのは、開発に取り組んでから4年後の平成22年のことである。

雪の技術者が頭の中で想像するしかなかった雪の挙動が、パソコンディスプレイの中にあざやかに描き出される（図8）。

私たちが吹雪対策を進める際、調査を繰り返し行い、慎重に対策を選ぶのだが、それでも想定していたような成果に達しないことがある。自然が相手なので実際にはやってみないとわからない――それがこれまでの常識であった。その常識を今、コンピューターが覆そうとしている。

吹雪との戦いは今、新たな段階に到達した。

エンジニアの欄外メモ

吹雪災害を二度と繰り返さないために

▼過去にもあった吹雪災害

中標津町では過去にも平成25年3月2日と類似した天気の急変による吹雪災害が起こっていた。養老牛尋常小学校から帰宅途中に猛吹雪で凍死した児童の父親、西村武重が記した「養老牛の今昔」の中でそのときの模様を述べている。

中標津町俣落の被災現場

▼突然やってきた大吹雪

昭和8年1月18日の朝は晴れていたが、正午前から西風が吹きだしアレヨアレヨと思う間に大吹雪となった。今日まで体験したことのない言語に絶する大吹雪だ。私の住宅は学校とわずか60ｍの近所なのであわてなかった。それが取り返しのつかぬ惨事の原因となった。私の娘は友達といっしょに、4人で学校を出たまま行方不明となったのである。

▼校庭で雪に埋まって凍死

4人は翌日、学校の玄関から10ｍばかりの位置で発見された。中標津周辺では学童7名、大人2名の9名が亡くなる大惨事となった。

山から中標津町に吹き下ろす風

▼吹雪災害を繰り返さないために

過去の災害を教訓とし、今後の防災に役立てることが重要である。今日では気象情報を確認すれば、天気の急変は把握できるようになった。このような猛吹雪の発生は稀であり、外にさえ出かけなければ遭難のリスクを回避できる。出かける際に気象情報を確認し無理な外出を避けることが重要である。

I－3

川のお医者さん奮闘記

——川の緑と砂にまつわる話

堀岡 和晃

第1集では、川の水質悪化がもたらす浮島状の外来草本の繁茂や
川での樹木伐採・裸地化がもたらすヤナギ類の繁茂をテーマに取り上げた。
第2集は、湖の水位低下がもたらす水草の分布変化や
湿原への洪水流の増加がもたらすハンノキ林の増加をテーマに取り上げた。
今回は、川の技術者が苦労している土砂の動きと
ヤナギ林の関係を取り上げることにする。
より良い川を目指して治水と環境のバランスを達成するのは本当に難しい。

写真1　安定した地下水を水源とする美々川の源流部

景観の美しさか、生物の棲みやすさか

前ページの美しい川は、千歳市と苫小牧市を流れる美々川である。安定した地下水を水源とする美々川の源流部は、水際から草木が育ち、枯れ木が苔むす、谷の木々と川の流れが織り成す公園的な美しさを表出している。

美々川は地下水が湧き出ているので魚の産卵には適している。しかし、川底の砂礫は出水が無いので動きがなく、瀬・淵ができないため、一般的には魚にとっては棲みにくい。

ダムや貯水池の無い川は、雨が降り、雪が融けることで流れる水の量が増え、それに合わせて川底の土砂が動き出し、岸に生えている植物が洪水で流されたり、岸が削れたりするので、公園のようにしつらえた景色は保てない。

洪水で川底の土砂が動くから、海の浜に砂を供給できる。それを止めれば、浜は削れて後退してしまう。川岸にある土砂も、ほとんどは川が運んできて置いていったものであり、川の工事で土砂の岸をきれいに整えても、そのままの状態を保てるものではないのだ。

川の魚類は、土砂が移動することでできることが多い瀬・淵を利用して生活している。シギ・チドリ類は、礫河原や砂州《さす》の水際を利用して餌を採っている。礫河原や砂州上の草原は、毎年のように起きる洪水で草木が洗い流されることで更新、維持されている。

つまり、川の生物は、荒ぶる川の特性をうまく利用して生きているのだ。逆に言えば、川の生物は川の環境でしか生きていけないので、荒ぶる川の環境こそ貴重なのである。

このように、水の量が変わらず土砂が動かない川は、公園のように美しい。一方、洪水で水の量が変わり土砂が大きく動く川は、川底や岸が動いて魚など川の生物にとって棲みやすい環境となる。

景観の美しさと生物の棲みやすさは、相容れない関係にあると言える。

川底の上がる問題、下がる問題

美々川のように土砂が動かずに川底が安定している状態を「静的平衡」というのに対し、土砂が移動しながらも出入りが変わらないので川底が安定している状態を「動的平衡」という。

動的平衡が崩れて不均衡に陥ると、川底が掘れ、深い谷ができたりする。反対に、山から崩れた土砂がたまり、川底が次第に高くなって天井川となり、堤防を越えてしまうことがある。

動的平衡が崩れてしまった場合の問題を、川底が下がる場合と上がる場合とで考えてみよう。

堰《せき》や頭首工《とうしゅこう》（河川から農業用水を取り込む施設）によって上流からの土砂供給が絶たれた場合には、川底が下がりやすい。河川でいつも水が流れている流路を低水路というが、河川敷（高水《こうすい》敷《じき》）整備などで低水路を狭めた場合や直線化、捷水路《しょうすいろ》化（ショートカット）などで川底の勾配を急にしたり、両岸に護岸と根固めのコンクリートブロックを配置した結果、流れが速くなった場合には、深堀れが起こりやすい。

川底が下がるときは、全体的に下がるのではなく、常に流れている部分だけが下がり、周りが取り残されてしまうことが多い。その結果、川底が下がると次の問題が起きる。

・橋脚が浮き上がってしまう。
・岸が大きく削れてしまう。
・斜面が崩れて川をせき止めてしまう。
・川底の上下流に段差ができて魚が上れなくなる。

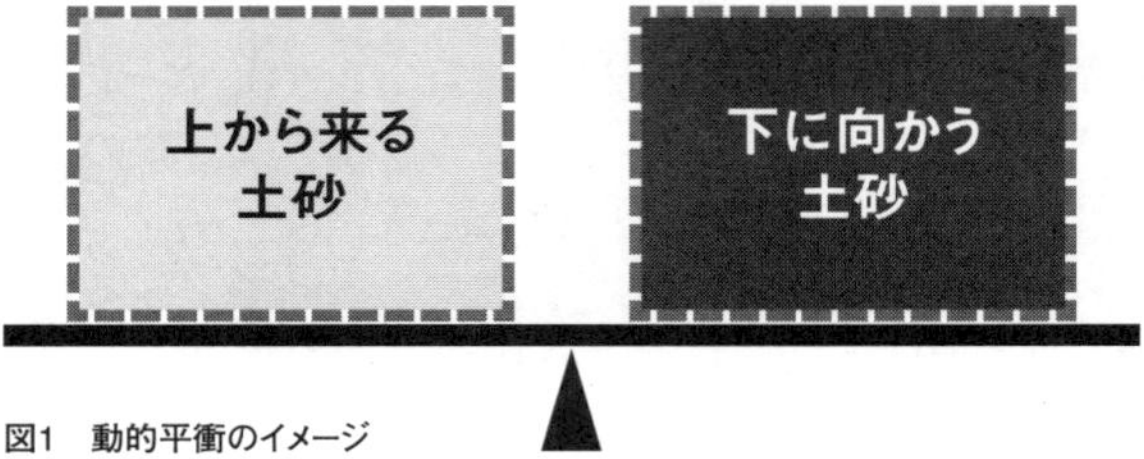

図1　動的平衡のイメージ

写真2　堤防洗掘状態

反対に、堰や頭首工の上流区間で、土砂がたまって川底が上がることがある。流路を広げた区間や蛇行化などで川底の勾配が緩くなった区間で流れが緩くなると、川底が上がる。

川底全体が上がると、次のような問題が起こる。

・取水口が土砂で埋まって取水できなくなる。
・洪水を安全に流しにくくなる。

以上のことから、動的平衡が崩れるのは望ましいことではなく、河川技術者は動的平衡を保つべく努力を重ねることになる。

　動的平衡を考えるには、年最大規模の洪水が流れているときの川底の土砂の動きが重要なのである。低水路の幅を広げると、水深が小さく、流れが遅くなり、川底に土砂がたまりだす。逆に、幅を狭めると、水深が大きく、流れが速くなり、川底が掘れ始める。このことを利用して、低水路の幅などを調整して、動的平衡を目指した川づくりを行っている。

洪水に耐える砂州上のヤナギ林

　対策を行い、動的平衡になったからといって安心してはいられない。流路の一部に流れが集中し、川底の一方が掘れ、他方がたまるといった偏った流れができる場合があるのだ。片岸に流れが集中しすぎた場合は、護岸の下まで掘れて護岸が壊れることに話が行きがちだが、実は土砂がたまる対岸にも困った問題が起こる。対岸に土砂がたまりだすと、砂州が次第に大きく高くなるのに合わせて、ヤナギ林が育ち、洪水の際に流れを妨げるのである。

　大きな砂州上に育ったヤナギ林は、水辺と緑のコントラストが映えて美しい。生物にとっても貴重な環境である。特に市街地では樹木が少ないことも相まって、河畔林の保全を求める市民の声が高まっている。

しかし、このヤナギ林は砂州上に育ったがゆえに、洪水が来ても流されず、流れを遮る危険なものとなっている。

どうして砂州上のヤナギ林は洪水が来ても流されないのだろうか。

ヤナギ類は、土に埋まっても根が呼吸できるように、不定根という新たな根を地中の幹から出すことができる。土の中には、地上で見える幹と同じ太い幹が埋まっており、そこから何層も根が出て、引き抜きにくい杭のようになっている。洪水で押されて傾いても、土砂で埋められても、一部が地上に出ていれば、新芽を出して生長し続ける。

不定根を出す木の種類は、ヤナギ類のほかはハルニレやヤチダモなどの河畔林を構成するものが多く、もともと川の特性にあった耐性を持っているのだ。

写真3　杭状に埋まった幹

洪水被害を拡大するヤナギ林

なぜ砂州上にヤナギ林があると危険なのだろうか。

最初は、低い砂州上にヤナギ類が生え始める。北海道のように融雪期以外の洪水が少ない地域では、砂州上のヤナギ類は流されにくい。砂州は中小の洪水のたびに、土砂が堆積し、高くなる。そこに生えたヤナギ林は、土砂に埋まりながら大きく生長する。やがて、川の蛇行に沿って盛り上がった丘とその上に立派なヤナギ林ができる。

土砂に埋まりながら育ったヤナギ林は、地中に深い幹や何層にもまとわりついた根があるため、極めて倒れにくくなっている。そこに流木や浮遊物が引っ掛かって集まり、さらに流れを遮る。

洪水は、砂州を削ろうとするが、地中の深い幹と根が、あたかも杭の群れを施したように砂州が削れるのを防ぎ、ヤナギ林の足元を守る。行き場を妨げられた洪水は向きを変えて反対側の岸に勢いよくぶつかり、岸を大きく削る。堤防が近い場合は、堤防まで削れることになる。

堤防満杯で流れる大洪水になるともっと危険になる。蛇行沿いの小高い丘とヤナギ林が流れを妨げてしまう。その結果、溢れやすくなり、安全に洪水を流すことができなくなる

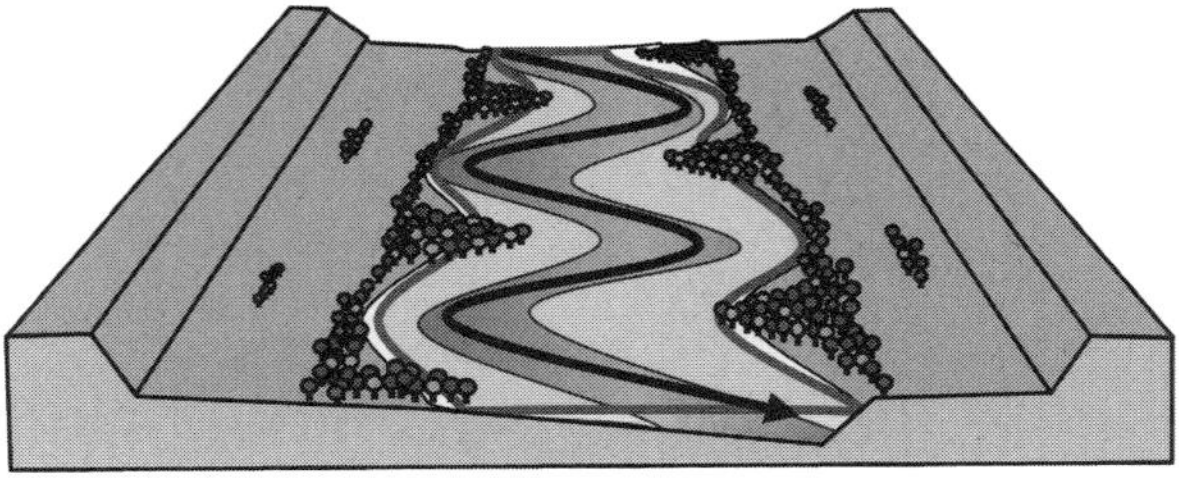

①砂州にヤナギ類が生え始めた状態
まだ、砂州は土砂堆積しておらず低い

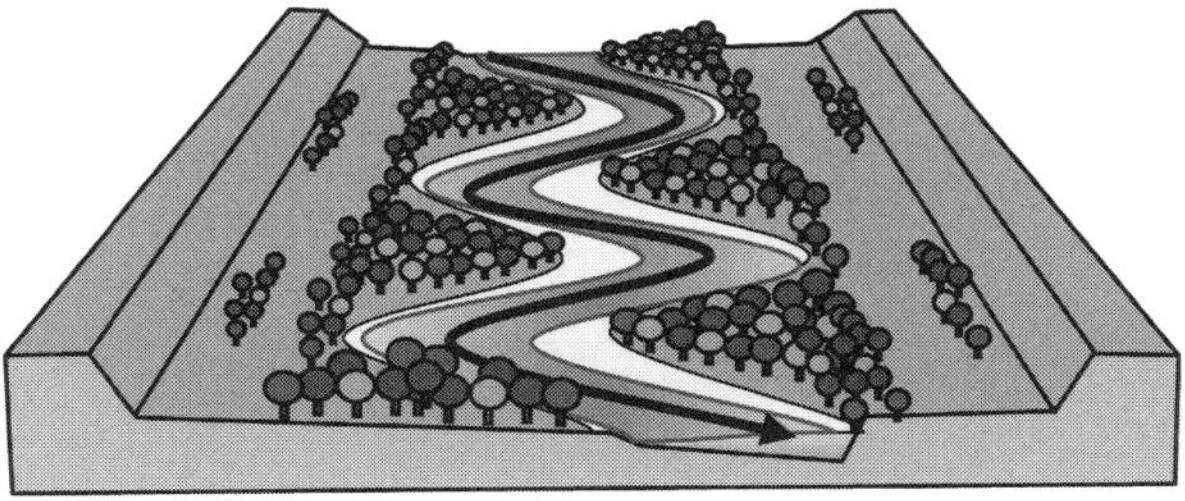

②砂州にヤナギ林が生長した状態
砂州に土砂が堆積し地盤が高くなる

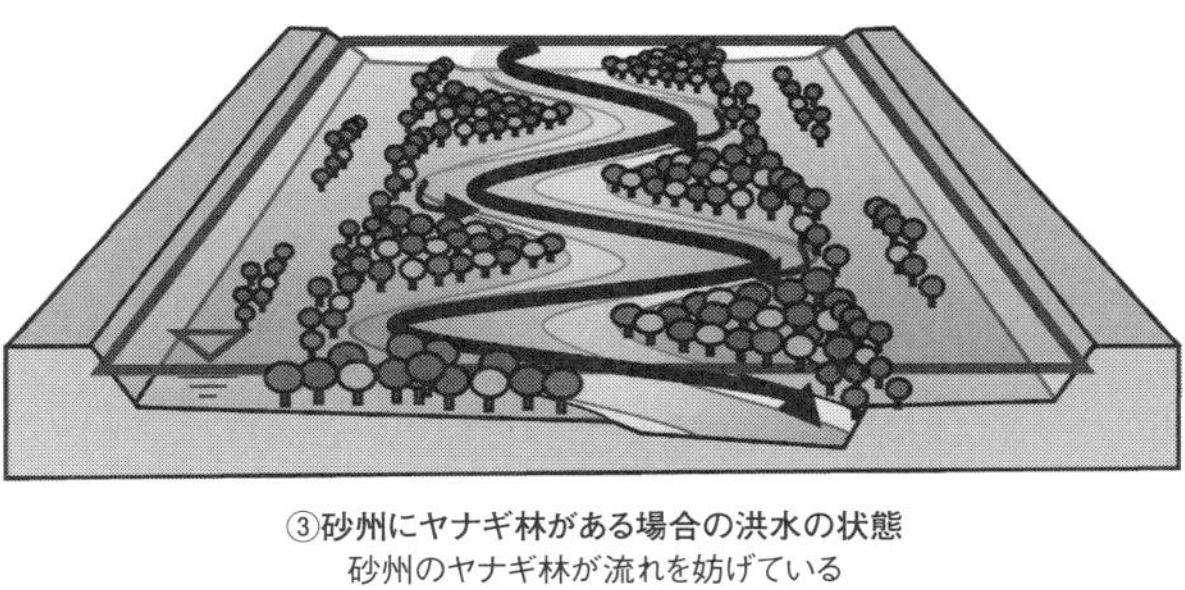

③砂州にヤナギ林がある場合の洪水の状態
砂州のヤナギ林が流れを妨げている

図2-1　砂州上の樹木が洪水流を遮るしくみ（俯瞰図）

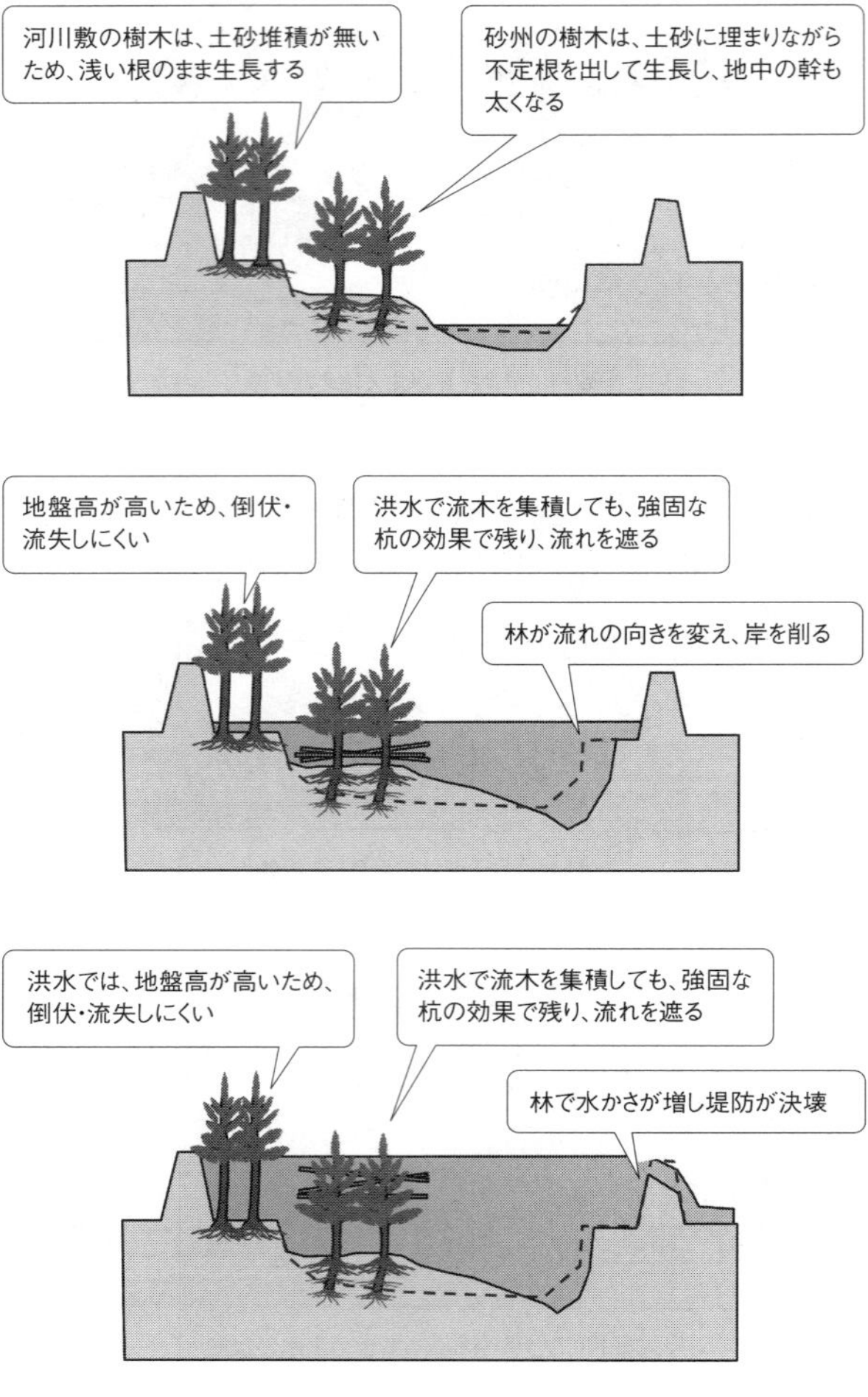

図2-2　砂州上の樹木が洪水流を遮るしくみ（横断図）

のだ。

大きな砂州上のヤナギ林は生長するまで時間がかかるので、対処する猶予は十分あるはずだ。しかし、長年保全されてきた経緯から、すでに多くの川で問題のある林が上下流に連続して現れている。

災害復旧で護岸を配置すると、新設した護岸の前面が掘れて対岸に砂州ができ、その上の樹木も増える場合がある。次の洪水が来ると新たな砂州上の樹木が邪魔をしてさらに護岸沿いに流れが集中し、土砂が移動し出すのに合わせて掘れる位置も移動し、これまで掘れていなかった護岸の無い岸を削るケースが見られる。

川幅いっぱいになる洪水は、数年ごとの頻度で起きている。ダムで洪水調節が行われて警戒水位に達しない状況であっても、あちこちでゲリラ的に岸が削れることになる。

実際のところ、砂州の上に生えたヤナギ林の根の構造を理解している川の技術者は少ないように思う。林が流されずに残ると、予想外に溢れやすくなり、堤防が決壊する危険が高まる。今後は、砂州上の樹木をきちんと評価したうえで河川整備を進めなくてはならない。

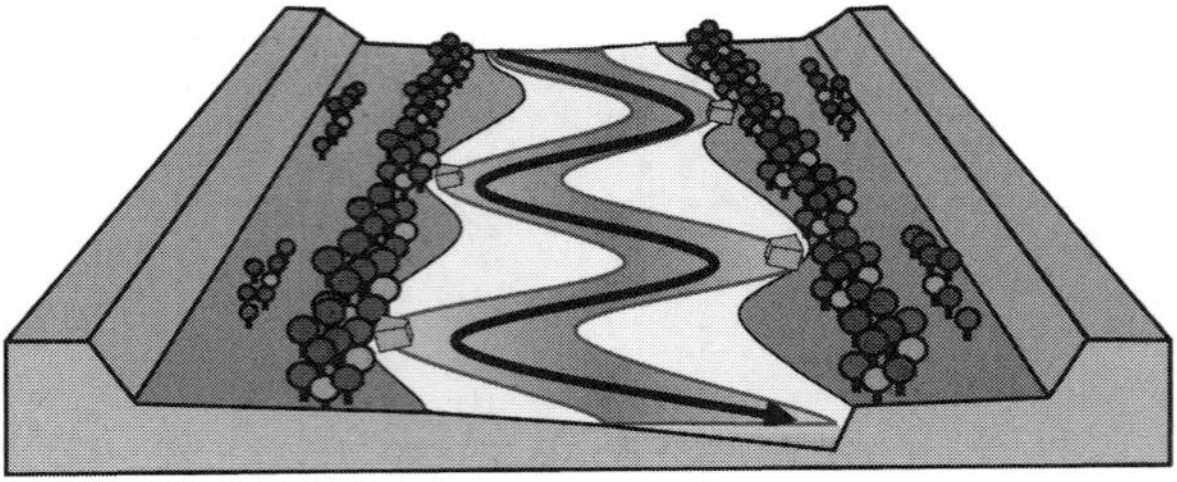

図3　ヤナギ林を蛇行の外側に配置した状態
礫河原や砂州の草地が保たれる

ヤナギ林はどこにあったのか

市街地周辺の河川空間は、花壇や芝生広場などの公園施設、あるいはグラウンドやテニスコート、パークゴルフ場などの運動施設に提供されてきた。一方で、近年、自然に関心の高い市民団体からは鳥などの生物にとって河畔林が貴重なので保全すべきとの意見も出ている。さらに、河川敷は施設利用のため一杯で余裕がないことから、残された空間である低水路に林を確保してほしいという要望が出てくる。

しかし、本来の川のあり方をいま一度考えてほしい。本来の河畔林はおおむね川の周囲に幅広くあったのだ。それが経済活動と引き換えに無くなったという歴史的認識を正しく持ったうえで、堤防の外側に森を増やす努力を考えるべきである。全てを川の内に求めるのは不条理であろう。

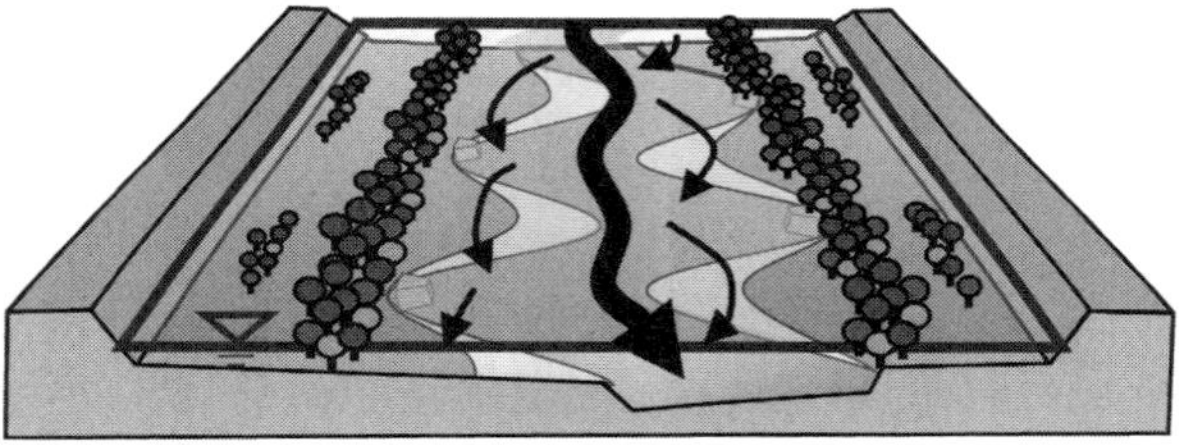

図4　ヤナギ林を蛇行の外側に配置した場合の洪水の状態
中央の開けた空間をゆったりと流れる

砂州上のヤナギが問題であれば、ヤナギ林を蛇行の外側に配置したらどうだろうか。

ヤナギ林の育つ河川敷は砂州より高く、流路からも遠いので土砂は堆積しにくくなる。大きな洪水が起こると、先述と同様に普段の流路から溢れようとするが、今度は邪魔な丘やヤナギ林が無いので、開けた空間にゆったりと安全に流すことができる。

細かい流れを見ると、いったん砂州に乗り上げた流れは、蛇行流路に戻ることで中央寄りに流れが集まる。一方、端寄りの流れは弱くなるので、外岸を削ることが少なくなり、堤防も安全に保たれる。

つまり、砂州に土砂が堆積したり、砂州上にヤナギ類が生え始めた場合、そのまま放置すると洪水の流れを妨げるとても危険な状況に推移していくのだが、河畔林を適切に配置すれば、洪水を安全に流すことができるのである。

対症療法と根治療法

河畔林が川の環境の中で最も効果的に機能する場所は「水際に接しやすい川岸」である。洪水の流れに影響しないよう、河川敷の岸に沿って河畔林を帯状に配置することが望ましい。河川敷の公園・運動空間と河畔林帯の共存に配慮して土地利用計画を立案すべきである。河川敷の「水際に接しやすい川岸」にハルニレ・ヤチダモなどの在来河畔林樹種を帯状に植え、生長にあわせて置き換えていくことも賢いやり方であろう。

問題は、低水路の内である。これまで述べてきたとおり、土砂堆積した砂州上のヤナギ林は危険極まりないので、対症療法として、樹木伐採と土砂掘削を行うとともに、連続した深掘れを埋め戻すといった工事が必要となる。

それだけでは、護岸に沿う流れは解消されないので深掘れがまた生じ、再び砂州と林が発生しかねない。そこで根治療法として、深掘れの再発を防ぐため、護岸に沿った流れを分断する水制工を複数配置し、将来的に大規模な林ができないように管理するというのが私の考えだ。この考え方を河川技術者の間に広めるべく努力を続けていきたい。

対症療法と根治療法を併せて施すことで、低水路の内側は、礫河原や砂州、瀬・淵が復活し、川の特性を利用する川の生物の環境として担保され、水辺の生き物の棲みかが提供されると考える。

これにより、川の魚類が瀬・淵を利用し、シギ・チドリ類は礫河原や砂州の水際で餌を採ることができ、礫河原や砂州上の草原では木が育たずに維持されるのだ。

この考えを達成するのは難しそうだが、実施例が全く無いわけではない。

仙台の青葉城恋歌で有名な「瀬音ゆかしき」広瀬川では、低水路内に樹木が増え、瀬・淵が無くなり瀬音も聞こえなくなったが、治水安全度確保と砂州・河原の復元の重要性を市民の皆さまに納得いただいて、低水路内の堆積土砂の掘削と樹木撤去が行われた。

市民と一緒に考え、話し合い、その上で市民が理解し賛同することが重要なのだ。残念なのは、対症療法だけで止まっているので再発する心配がある。ぜひ、根治療法も併せて行ってほしいものだ。

写真4　広瀬川の堆積土砂掘削、樹木撤去状況

川のお医者さんの仕事

今回は川の土砂と河畔林を例にして、自然を相手にした病気治療の難しさを考えてみた。川は意外とデリケートかつダイナミックで、手を加える際は、細心の注意が必要である。河畔林や川の環境は、長い年月をかけて形成されてきたのに対し、人間社会の活動が川の空間を狭め、急激な変化を引き起こしている。さらに、良かれと思って保全した河畔林が、洪水の猛威を助長する原因にもなっている。私たち川のお医者さんは、病気の原因を診断し、守るべき本来の自然の姿、これらを踏まえた治療のあり方などを提案することが務めだと考える。私の提言も、市民の皆さまの理解と判断により具現化するものである。自分が暮らす身近な川の環境を自らの問題として捉え、考慮する一助となれば川のお医者さんとしてはうれしい限りである。

【エンジニアの欄外メモ】

現地で川の見方を学ぼう

川底の低下区間

川底の上昇区間

若い河川技術者にとって、川の微妙な違いを見分ける感性を養うことは重要である。

上の2枚は、同じ川の川底が「低下している区間」と「上昇している区間」の写真だ。川の様子が微妙に違うのだが、おわかりだろうか。現場に行ってさまざまな感覚を駆使して違いを感じて欲しい。

「川底の低下」の特徴としては、
【触覚】足に感じる石が荒い。
【視覚】岸に深く削れた面。深く急な流れ。幅が狭い。周りの元の川底面にヤナギ林ができる。瀬と淵が減る。
【聴覚】瀬音が激しい。

「川底の上昇」の特徴としては、
【触覚】足に感じる石が細かい。
【視覚】岸が浅い。浅い流れ。幅（河原・砂州）が広い。ヤナギ林ができない。瀬と淵が複数ある。
【聴覚】あちこちから優しい瀬音がする。

おわかりだろうか。上の写真が「川底の低下区間」で、下の写真が「川底の上昇区間」である。

川の見方の感性が備わると、川底が下がっている箇所を探す際に、河畔林に囲まれて流れが見えない場面に遭遇することがあっても、むやみに林に分け入らなくとも耳を澄まして瀬音を頼りに、探し出すことができるようになる。

Ⅱ

地域の人と自然をむすぶ

1　里山から考える生物多様性　櫻井 善文

2　北海道で生まれた「木育」と「木育マイスター」　中村 裕

3　未来の大人とかつての子どものパークボランティア　福原 賢二

Ⅱ-1 里山から考える生物多様性

櫻井善文

北海道は森林が多く、
全国の森林面積の約22％に及ぶ。
また、湿原については全国の86％を占める。
このことから、
いろいろな生きものの暮らしが保証されている。
この、いろいろな生きものが暮らせる環境は
すなわち「生物多様性」が
保たれていることになるのだが、
とてもわかりにくい。
そこで、私の生い立ちなどを参考に
お話ししたいと思う。

写真1　丘の上の草原で遊ぶ子どもたち

私を育てた里山

私は岡山県北部の山間地の生まれで、典型的な過疎地の出身だ。幼いころを過ごした40年ほど昔は周囲に家屋は6軒、総人口は20人程度しかおらず、現在は人の住む家は1軒となり、人口も2人になったと聞く。

住んでいた家は曽《ひい》ばあさんの実家で、嫁ぎ先から曽じいさんを連れて戻ったのだそうだ。斜面は畑、谷底は石積みの棚田で、山あいの狭い谷底を鎌倉時代あたりから開墾して住んでいた土地だったらしい。

赤ん坊のころは母が畑仕事をしている間、金盥《かなだらい》に寝転がされてあぜに置かれていたし、子どものころは裏の山や棚田の脇でよく遊んだ。そして、その辺のあらゆる草木の根や葉や実を食べた。

近年は山菜採りが盛んで、いろいろな人が野山で植物を持ち帰っているが、はっきり言って興味が湧かない。なぜなら、田舎の貧しい第2種兼業農家のせがれとしては、趣味とか娯楽ではなく、普段の食事のおかずとして、あるいは三時のおやつとして、その辺に生育している草本、木本を食いあさっていたからだ。

加えて、飼っていたニワトリやウサギのエサも、その辺から調達していた。これは私の

写真2　岡山県北部の里山（昭和30年代後半）

役目だったので、思い出すとなかなか大変だったような気がする。

春はフキノトウ、ヨモギ、イチゴ類、タラの芽、ウド、タケノコなど。夏はウメ、モモ、ヤマナシ、ヤマイモ、ノビル、フキ、わせ柿など。

秋はものすごく多くて、クリ、マテバシイ、ナワシロイチゴ、アケビ、マツタケ、シメジほかキノコ類、ギンナン、カキ、アキグミ、ナツメなど。

冬もそれなりに食べるものはあって、セリなどは水を抜かれた水田にあるものをつまんできて、すき焼きに入れたりするとてもおいしかった。小川やため池には魚がそれなりに棲んでいたし、当然畑や水田では労働集約的に季節ごとの作

写真3　雑木林と水田の風景

物をいろいろ栽培していたので、よく考えると結構いいものを食べていたとも言える。

初夏にタケノコや秋にクリ、マツタケ（これも最後はすき焼きに突っ込まれていた）を延々と食べ続けるのは苦痛でもあったが。

将来まさか植物調査屋になるとは思っていなかったが、このころの私は、必要最低限の知識として野山に生えている植物のどれが食べられて、どれが危険かという知識を自然と身に付けていたし、カレンダーではなく、皮膚で感じる温度や湿度、景色の移り変わりで季節を判断していたように思う。

私の地元のように昔から人が人力でしぶとく開墾し利用してきた土地は、狭い範囲に宅地や畑、水田などのあらゆる植物群落がモザイク状に分布している。

今あらためて思い出してみると、実は季節ごとに切れ目なく食料を提供してくれる環境であったことに気づかされる。

日本が誇る里山の生物多様性

25年前、大学生のころ、植生地理学の先生に卒論指導を受けていた。先生のお手伝いで、1・5畳はあるのではないかという中華人民共和国の植生図から地図データを作ったことがある。

膨大な作業の中で、長春市辺りの範囲が、ほとんど耕作地だったので、すごくはかどって感動したのを覚えている。今Ｇｏｏｇｌｅを使って空中写真でその辺りを見てみると、北海道がすっぽり入りそうな範囲がすべて畑になっているのだ（皆さんも暇なときに見てください）。人が生きていくために地表を改変する行為のすさまじさを、まざまざと見せつけられる思いがした。

これに比べると、日本は山があり、谷があり、平野があり、川があって、地形がバラエティーに富んでいること、周りを海に囲まれて大陸と海洋の大気がぶつかり合う場所で南北に長く伸びていることなどから、極めて環境の多様性に富んだ地域と言える。さらには、夏も冬も降水量が多いので、樹林が発達しやすく、森や湿地が成立するには格好の場所だ。日本における生物多様性は、自然を保護し人の手が入らない環境を保全するだけではなく、人が長年関与して成立した「半自然もしくは二次的自然」がとても重要だと位置づけられている。いわゆる「ＳＡＴＯＹＡＭＡ（里山）」というものだ。

実際、周辺の自然の移り変わりは、当時のお祭りなどの行事のスケジュールと整合性がとれていて、日本人の精神文化の根底をなしていたと言える。

7年前に墓参りで私が育った里山を訪ねたことがある。家の裏で栽培していたマダケの竹やぶが旺盛に生育範囲を拡大して畑やクリの林がマダケ群落化していたし、日当たりのよい草原もクズにより占拠されていたため、もう二度と四季の野生植物を楽しめる状態ではなくなっていた。まるで、環境省が説明している人の手による管理不足からくる「生物多様性崩壊」のお手本みたいな話だ。

里山の荒廃と生物多様性の衰退

その後、縁あって札幌に住まうことになったが、現代の快適な街は、やはり自然が単調だと強く感じる。

北海道は本州ほど「里山」としての森林の利用期間が長くないが、それでも常にかく乱を受け続けることで、多様な生きものが暮らす環境が成立している。しかし札幌周辺では、多様性崩壊と表現するには少し大げさかもしれないが、人手が入らないために環境が単調化してしまった箇所が幾つかある。

北海道では、あまり暗くなくて、そんなに急斜面ではない場所は、大体がササ類で覆われていることが多い。私は道のない斜面をごそごそはい回る植物調査を主にやってきたので、移動中にそんな場所に差し掛かると、ダニつくんかぁ…、とため息をつくこと

表1　生物多様性の定義

カテゴリー	概要
遺伝子の多様性	あるひとつの種の中で、遺伝的な違いが多様にある様子 (例)病気への抵抗性を持った個体の存在による絶滅の回避
種の多様性	生物群集にさまざまな生物種が共存している様子 (例)雑木林に生息・生育する様々な動植物
生態系の多様性	多様な生態系が、地域の環境に応じて分布している様子 (例)日本列島におけるさまざまな生態系の分布

表2　4つの生態系サービス

カテゴリー	概要
基盤サービス(維持的サービス)	酸素の供給、土壌形成、物質循環 (例)植物の光合成、蒸散
供給サービス	食料、淡水、燃料、建築資材 (例)米、ジャガイモ、甜菜(てんさい)、牛乳、名水
調節サービス	気候の調節、洪水制御、水質浄化 (例)樹林地による二酸化炭素の吸収、防風林による気候緩和作用

表3　生物多様性が直面する4つの危機

危機	事例
人間の開発や乱獲	日本産トキの絶滅、日本におけるオオカミの絶滅
人の手による管理不足	人工林、二次林の管理不足、竹林の繁茂による環境の単調化
外来生物等による撹乱	アライグマ、セイヨウオオマルハナバチ、オオハンゴンソウ等による在来動植物の減少
地球温暖化	高山植物群落の縮小

写真4　春の訪れを告げるカタクリの花
最近では生育地が減少している

が多かった。

　実際、ササが生い茂っている場所は、不謹慎ではあるが、私の大好きなシダ類などほかの植物が少なくて個人的には面白くない。ササが生えにくい場所は、暗い所か、土壌の薄い所、または湿地が多い。言い換えれば、うっそうとした樹林の林床《りんしょう》や急斜面および谷底などである。

　近年はまきや炭を使わなくなり、小規模な樹下放牧も減り、生活も市街地が中心になったため、森が人の暮らしに占めるウエートが低下した。同時にササ類は食べられたり、刈られたりしなくなったので、今まで育成できなかった場所をのびのびと専有した。

　結果としてほかの植物が生えられなく

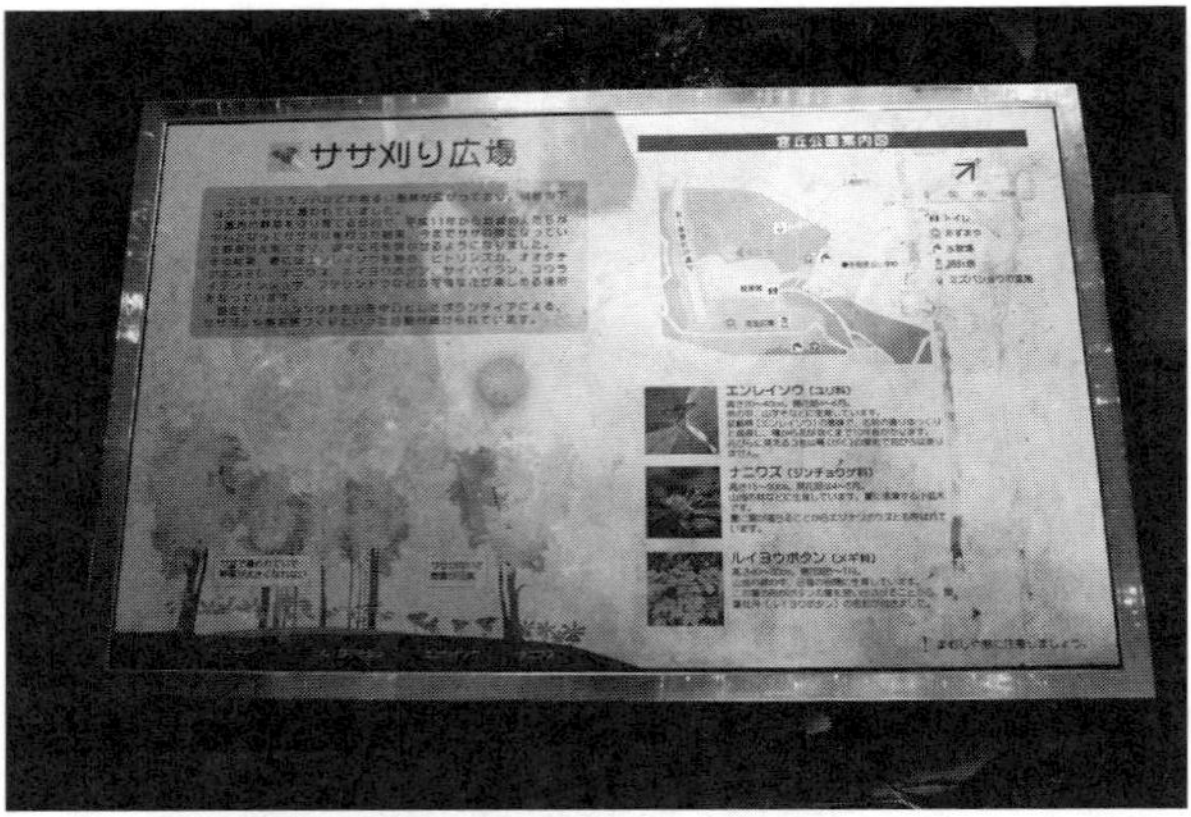

写真5　宮丘公園（札幌市）の設置看板

なり、広葉樹林の林床で春を告げるカタクリやエゾエンゴサクが姿を消し、それを利用する昆虫類やそれを食べる両生類、爬虫類、哺乳類なども減っていくことになる。

ササに覆われた場所は、魅力的な場所とは言えない。やはり花が咲いているとか、いろいろな草木が楽しめるなど、多様性が高い環境は、私たちが直感的に〝良い〟と判断する何かがあるのだろう。

実は、里山の自然の多様性を回復させようとする試みが札幌でも行われている。例えば、札幌市西区の「宮丘公園」では、公園内の一部がクマザサに覆われてしまったので、平成11年より市民によるササ刈りを行っている。この取り組みの結果、ルイヨウボタン、エンレイソウ、ナニワズなどの林床植物が回復しており、公園内の植物相は多様性が向上した。

国営滝野すずらん丘陵公園では、自然再生事業の一つとして、野生草花再生地を設定し、樹林生の野生草花が群生する環境を目指し、倒木除去、ササ刈取、高木の間伐を行っている。成果としては、ササ類が90％を覆っていた林床に、シラネアオイやフクジュソウなどの野生草花が開花するようになった。5月の中～下旬に薄紫の見事な花を咲かせるシラネアオイの美しさを皆さんもぜひご自身の目でご覧いただきたい。

このように一度人と長い時間関わってしまった自然は、放置しても元の自然の豊かさをなかなか取り戻せないのだ。

写真6　宮丘公園（回復した林床植物）

写真7　滝野すずらん丘陵公園の春を彩るシラネアオイ

オオクチバスの不運

生物多様性の危機のひとつとして、「外来生物によるかく乱」が挙げられる。環境省から特定外来生物という称号を与えられ、防除が行われているオオクチバスの例を見ていく。

オオクチバスといわれる魚は、環境省のホームページを参照すると、「ブラックバス、フロリダバス（オオクチバスの1亜種）」で、北アメリカ原産の全長30～50センチメートルの淡水魚である。国内での繁殖は釣りの愛好家が放流したのが原因とされている。

京都府深泥池では、オオクチバスなどの侵入後に在来魚の種数が減少したり、個体数が激減しているとされている。オオクチバスが川や池で増えると、他の小魚をどんどん食べるので、河川湖沼の生態系が損なわれていくとの指摘だ（実際捕獲したバスのお腹からは、ドジョウ、ヘラブナ、サンショウウオ、ザリガニなどが出てくるらしい）。

なんだかこの内容だけ見れば、ものすごく悪い生きものなので、頑張って駆逐しなければというイメージになるが、実は地域によっては釣りによる町おこしや、観光産業の重要な収入源にもなっている。バス釣りの愛好家は依然多く、魚が減っているのは水質の悪化もあるのに、なんでもバスのせいにするななどとおっしゃる方もおいでになる。「町おこしに選んだ相手がちょっ

写真8　オオクチバス
宮城大学の学生さんである瀬ヶ沼安寿様より写真をいただいた

と残念だったなぁ」という感じだ。

とはいえ、本州ではバスたちが普通のため池にもわさわさ棲みついてしまったので、のんびりしていると従来いるべき魚やエビなどの生きものがいなくなってしまう恐れもある。現在、日本各地ではさまざまな規模や主体で駆除への取り組みが行われており、ぎりぎりのところで水辺の生物多様性崩壊がなんとか食い止められている状態だろう（前ページのオオクチバスの写真は、宮城県伊豆沼でオオクチバスやブルーギルの駆除に参加されている宮城大学の瀬ヶ沼さんからいただいた。この大きな口でなんでも食べてしまう……）。

子どものころ、自宅近くのため池で、自作の針とサツマイモを餌にでかいコイを釣り上げて遊んだ。そんな平和な風景があちこちの水辺に戻ってくることを願ってやまない。

クラーク博士が持ち込んだセイヨウタンポポ

特定外来生物ではないが、明らかに日本の景色を変えてしまった植物がある。皆さんもよくご存じのタンポポだ。

私たちが普段よく見るタンポポは、実はセイヨウタンポポというヨーロッパ原産の種のひとつで、受粉しなくても種をつけて増えることができる。日本のタンポポは春にしか花が咲かないが、セイヨウタンポポは夏場でも咲いているので、どんどん増える。ときどき日本のタンポポと混ざったりしているが、これらによって日本のタンポポが絶滅したりする危険はないとされている。

ラムサール賞を受賞した世界的な植物生態学者の故辻井達一先生にお聞きした話では、「あれはクラーク博士の連れてきた料理係が最初に植えたんだ」とのことで、本場では軟化させた白いものをサラダにするらしい。苦味があるので、日本では食用としては普及せず、綿毛にのって全国に広まるだけ広まったということだ。辻井先生は平取からセイヨウタンポポの葉を取り寄せて、ディナーパーティーでサラダを出したそうだ。大変好評だったとのことである。

実は私も子どものころ、春にはタンポポの葉をよく食べた。おひたしとてんぷらだった。当時はセイヨウタンポポか在来タンポポか区別してないが、普通に食べられた。

妻も出産後には母乳がよく出るようにとタンポポコーヒーを毎日飲んでいた。どうやらうちは夫婦で（いや、子どもたちも）タンポポのお世話になったことになる。

一昨年に当社のある役員が「フランスから食用タンポポを取り寄せた」というので、そのプランターを見に行った。しかし、どう見てもプランターのタンポポとそれが置かれた

写真9　セイヨウタンポポ(外来種・上)、エゾタンポポ(在来のタンポポ・下)
エゾタンポポは総直片が反り返らないがセイヨウタンポポは下向きに反り返る

そばのアスファルトの割れ目に生えているタンポポと、どこが違うのかわからない。「これ、道端のと同じなんじゃないですか?」と聞くと、「おれもそんな気がする」とナイスなお返事である。

今年の春にどんな花が咲いたか尋ねたら「全く同じだった」とこれまたナイスなご報告だった(実はヨーロッパではセイヨウタンポポもものすごく種類が多いらしく、見た目だけで同じものとは限らないようだ)。通販までして買ったのにね…。

セイヨウタンポポは数少ない例外だが、多くの外来生物は、人が食用、観賞用、農業資材などで積極的に持ち込んだものが多い。持ち込んだ当初は、私たちの暮らしを豊かにしてくれるために期待され、歓迎されたのだ。それが今では悪影響の部分が明らかになり、警戒対象となってしまった。

ウトナイ湖のオオアワダチソウ

今、日本では外来性生物を対象としたさまざまな駆除の取り組みが盛んに行われているが、完全に駆逐するのは並大抵のことではない。

北海道苫小牧市にあるウトナイ湖は、1991年12月にラムサール条約に登録された国指定鳥獣保護区特別保護地区で、北岸のハンノキ林を中心にオオアワダチソウが繁茂し、在来の低木や草本が無くなってしまった箇所も見られた。このため、「公益財団法人日本野鳥の会ウトナイ湖サンクチュアリ」が中心となって、NPO、学校、企業などといったさまざまな主体と共同してオオアワダチソウの駆除を行っている。

オオアワダチソウは、北米原産のキク科アキノキリンソウ属の多年草で、観賞用として導入されたそうだ。北海道では2メートル近くになり、種子や地下茎で増殖し、密度の高い群落を形成する。根からは植物の発芽を抑える化学物質を出しているといわれ、それが蓄積しすぎると自分も生えられなくなるといった笑うしかない説もある。

後半の真偽はさておき、本種は旺盛な繁殖力のために他の植物の生育を不可能にし、結果としてその区域における植物の多様性が著しく低下することになる。野鳥の会では2009年よりオオアワダチソウの分布状況を調査し、同年より3900平方メートルを対象に駆除を実施するとともに、最も効果的で環境への影響が少ない方法を調査している。

オオアワダチソウをやっつける最も効果的な方法は、夏場の花をつけるぐらいの時期に、根っこを切らないようにそのまま引き抜くことである。これはやってみると結構大変な作業だが、本種の駆除方法としては、根っこからの再生を最小限に抑えられるので、最も効

写真10　ウトナイ湖（2012年6月7日）

写真11　ウトナイ湖（2013年5月31日）
刈取を4年間実施した群落では、オオアワダチソウがほとんど姿を消した

果的である。実際これによって、ハンノキ林の林床を覆っていたオオアワダチソウがほとんど姿を消した場所もある。

言うのは簡単だが、オオアワダチソウが最も育つ時期は、北海道でも夏の盛りなので、汗まみれ泥まみれの作業となる。加えて蚊まみれにもなるので、皆さんよく頑張っているといつも感心する。

野鳥の会の方々が3年間行った駆除作業では、最初の年が173人で約2万本、2年目が335人で約5万本、3年目は266人で約8万3000本、4年目は264人で10万2000本になっており、人数の増減は若干あるものの、だんだん作業者が熟練してきていることがうかがい知れる。大人よりも子どもの方が上手なようで、小学生などは隣のクラスとの競争心から、おそろしく大量の作業成果がもたらされることもある。毎年駆除によって引き抜かれたオオアワダチソウの大きな山ができあがる。

しかし、少しでも根が残ったり、土壌にすでにまかれた種子などがあるため、なかなか根絶できないでいるのが現状である。しかし、オオアワダチソウが減ったことで、タチツボスミレやホザキシモツケなど、もともとあったと考えられる植物が徐々に増えてきており、今後も地道に活動を続けていけば、本来の森の姿が取り戻せると考えられる。

写真12　市街地の花壇で吸蜜するセイヨウオオマルハナバチ（特定外来生物）
本種もトマトの受粉にかかる農家の作業負担を飛躍的に解消した優れた農業資材だったが逸出により在来の生態系を脅かす存在となった

一人ひとりの想像力から

いま外来生物駆除を頑張っている人たちの多くがＮＰＯや個人などいわゆる「市民」であり、ほとんどはボランティアでの取り組みだ。環境省はこのような活動の負担を軽減するための法的整備を進めているが、今後も中心的存在が市民であることは変わらないだろう。

ちょっと説法臭くて申し訳ないが、私たちがこの先も快適に生活していくためには、こういった環境を守るための活動に、せめて年1回ぐらいは参加しないと、一部の人たちが頑張っていることへのいわゆる「ただ乗り」を続けることになり、身の回りの自然はどんどん悪化していくことは間

写真13　自宅そばの公園に植栽されているチョウセンゴヨウの実を食べに来たエゾリス

違いない。

近年は、外来生物法のおかげでこれまでのような大量の外来生物が周辺環境に逸出《いっしゅつ》することは少ないと思うが、さまざまな生物が海外よりもたらされており、どんな種がいつ生態系を乱すものとして生息、生育するようになるか全く予測がつかない。

今後は、一人ひとりが想像力を持って、環境が悪化しないよう、さらには手遅れにならないようにふるまうことが強く求められる。

なお、参考までに、札幌市が策定した「生物多様性さっぽろビジョン」※では、市民の皆さんや企業の方々に取り組んでほしい内容がまとめてあるので、こちらもぜひ一読していただきたい。

※www.city.sapporo.jp/kankyo/biodiversity/plan.html

Ⅱ-2 北海道で生まれた「木育」と「木育マイスター」

中村 裕

“木育”とは、子どもをはじめとする全ての人が、
「木とふれあい、木に学び、木と生きる」取り組みのことである。
この「木育」という言葉は、平成16年に北海道で生まれた言葉だ。
そして、初めてこの言葉を公の場で使った人は、
高橋はるみ北海道知事である。
その年7月の「女性知事リレーフォーラムＩＮほっかいどう」での
「樹育というのか、木育というのか、森育というのか――、
要するに、木なり森をつくることに伴う人づくりもあると思うのです」という
知事の発言を受けて、「木育推進プロジェクト」が立ち上がり、
「木育マイスター制度」が始まった。
私は木育マイスターの第1期生。
北海道から始まり全国へと普及した「木育」と木育マイスターの活動を紹介しよう。

写真1　森の中で絵本の読み聞かせ

五感が響き合う、共感を分かち合う

なぜ「木育《もくいく》」という概念が北海道で生まれたのか。それは、北海道の森林が暮らしに十分に活かされていないことが背景にある。

森林は決して木材を供給するだけではない。二酸化炭素を吸収し、人が生きていくのに不可欠な酸素を生み出している。水源の涵養《かんよう》、土砂流出の防止など、多くの公益的機能を持っている。北海道の森林の公益的機能の評価額を試算すると、11兆1000億円（平成16年試算）になるといわれている。

北海道の森林は全道面積の71％を占めており、しかも全体の森の中で天然林の占める割合が高く（約68％）、人工林の中では国有林や道有林などの公的な森林の割合が高い（約72％）という特徴がある。

木材資源を生み出す人工林の森林蓄積（樹木の幹の体積）は増加を続け、伐採に適した樹木が多くなりつつある一方で、手入れが必要とされる45年生以下の人工林が全体の約69％あり、下刈や除間伐などの適切な森林管理を進める必要に迫られている。林業経営状況が大きく改善しない中で、道内の人工林をどのように手入れし、成熟化しつつある人工林をどのように有効活用するかが大きな課題となっているのだ。

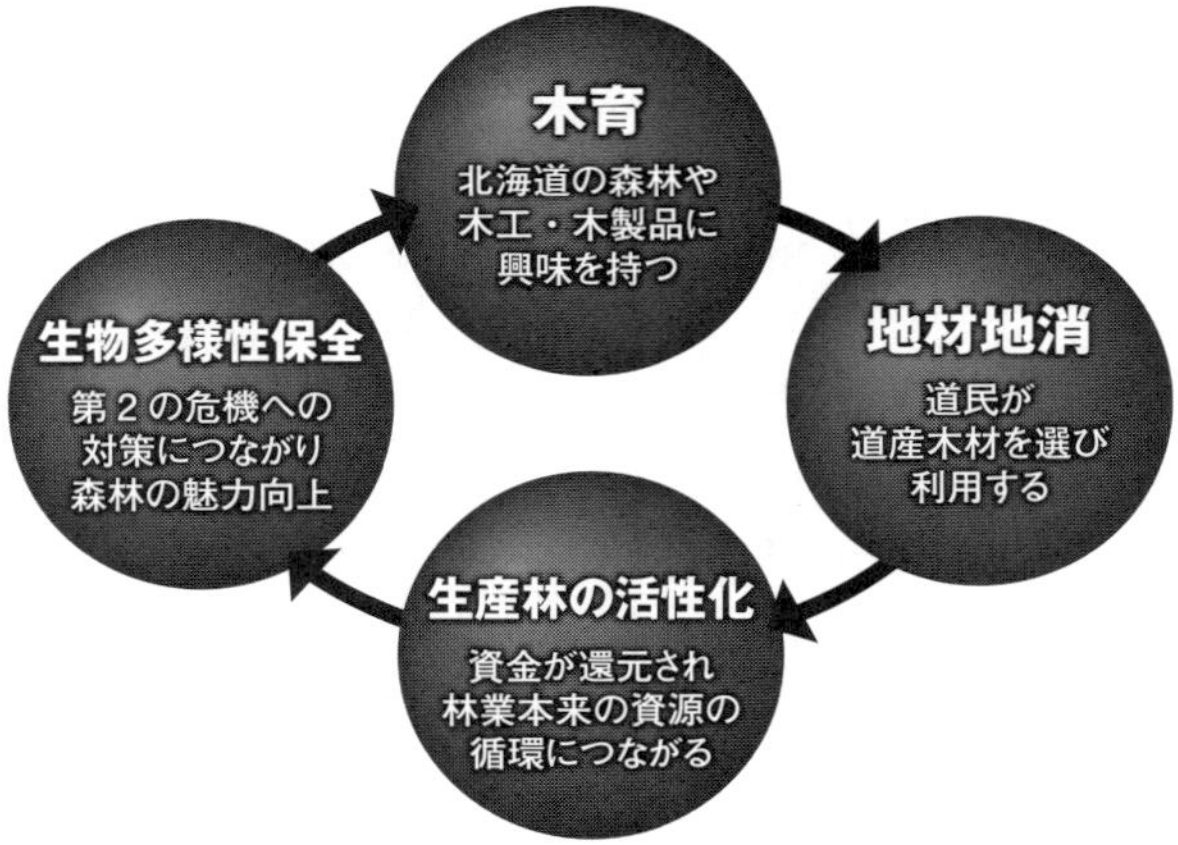

図１　木育と生物多様性保全の循環

木育の大きな目的の一つが、北海道産の木材の普及啓発である。

道民が北海道の木を使うこと（地材地消）は、生産者に資金が還元され、「木を切る、使う、植える、育てる」という循環を通して道内の人工林を活性化させることにつながる。それによって林業者による森林の管理が進み、結果として人工林に生息・生育する動植物の保全など、「生物多様性基本法」に基づいて政府が策定した「生物多様性国家戦略２０１２―２０２０」によって定義された「第２の危機（自然に対する働きかけの縮小による危機）」への対策となる。

また、道産材の利用により、海外の資源利用に伴う熱帯雨林の消失にさらされる東南アジアなどの生物多様性への負担を減少させることができる。

さらに、輸送エネルギーを比較しても、道外や国外の資源を利用するより環境負荷が低減され、「生物多様性国家戦略」の「第4の危機（地球温暖化や海洋酸性化など地球環境の変化による危機）」への対策にもつながる。生物多様性が保全された森林は魅力が向上し、北海道産の木材がさらに利用される可能性がある（図1）。

このような好循環を回していくための取り組みが、木育活動そのものであり、私が環境に携わる技術者として木育を続ける理由である。

世間には「木を伐ってはいけない」「木を使うことは悪いことだ」といった意識が根強く、森林や環境・経済活動への〝あいまいな正義〟から、除伐などの森林の維持管理はもとより、木と関連する経済活動が、環境へ負の影響を及ぼすものとして嫌われてしまっている。こうした誤解に危機感を持った林業関係者、教育関係者、行政職員などの多様な人たちが「木育推進プロジェクト」に参加していた。

プロジェクトが定めた木育の基本理念は、「子どものころから身近に木を使っていくことを通じて、人と木や森との関わりを主体的に考えられる豊かな心、五感と響きあう感性を育み、共感を分かち合える人づくりをめざす」ことである。併せて「地域の個性を活かした木の文化を育み、人と自然が共存できる社会をめざす」こととされている。

これらを十分に理解し、木育活動の企画立案や指導、アドバイス、コーディネートができる人材として北海道が認定する資格、それが「木育マイスター」である。

北海道では、平成22年度（2010年）から「木育マイスター育成研修」を開始し、そのすべてのカリキュラムを修了した研修生を木育マイスターとして認定している。平成24年度末現在で114名の木育マイスターが認定されている。

木育マイスターの多くは、私のような環境技術者のほか、製材会社、木工作家など、環境教育や森林、木工など森や木材に関わる専門的知識を持った者たちである。自らアクティビティを行うほか、学校や団体から依頼があれば、木育プログラムの企画立案や運営実施のアドバイスやプロデュースを行う。自分の経験や知識を活かすことはもちろんだが、自分の得意分野ではない活動をする際には、その分野に強いほかの木育マイスターの協力を得て、プログラムを組み立てることになっている。

出産祝いに贈られた木のタマゴ　～木育との出会い～

私は、札幌で生まれ育った。

札幌といっても北区の新興住宅街に住んでいたので、周りには畑や住宅を守る防風林がまだ多く残っており、小さいころは森の中で基地づくりをしたり、小川で魚を採ったりしたものだ。

このような経験からか、小さいころから自然に興味があり、大学では植物と動物との相互関係を学ぶ生態学を専攻した。大学時代は北海道を離れたが、縁あって地元にUターン就職した後は、植物や動物の調査などを行う部署で生物多様性に関わる仕事を行っている。

仕事にも慣れてきた平成20年に長男が産まれ、その出産祝いとして妻の友人が木のタマゴを贈ってくれた（写真2）。

北海道産のエゾマツ、ミズナラ、ハルニレ、イチイ、イヌエンジュ、セン（ハリギリ）、ホオノキ、キハダ、クルミ、サクラの計10種類からなる直径45ミリ程のタマゴは、色、重さ、匂い、肌触りなどがそれぞれ異なり、手にとって握るだけで木の温かさが伝わってくる。

仕事柄、生きている樹は見慣れていたが、木のおもちゃ

写真2　森の鳥達からの贈り物（木のタマゴ）・KEM工房

には触れる機会がほとんどなかった。調べてみると、この木のタマゴは札幌の木工作家（後述）の作品だった。洗練されたこのすてきな贈り物に、子どもだけではなく親もすっかり魅了されてしまった。思えばこれが、私と木育の最初の出会いであった。

次に木育と出会ったのは、平成22年秋のことだった。

写真3　木育マイスター育成研修パンフレット

家族で能取湖のアッケシソウを観光する途中、遠軽町にある道の駅「まるせっぷ」を訪れた。この道の駅には「木芸館」というウッドクラフトなどを販売する施設がある。

そこに置かれていたパンフレットの一つに「平成22年度 木育マイスター育成研修」を紹介したものがあった（写真3）。パンフレットには、見覚えのある、あの木のタマゴが載っていた。

運命的なものを感じ、私の中で何かが弾けた。

締め切りまでまだ時間がある。旅行から戻ったら、すぐに申し込みをしようと考えたが、木育の右も左も分からない。参加しても大丈夫だろうかという不安がよぎり、最終的に申し込みを決断したのは、締め切りの前日であった。

後で聞いた話では、札幌会場の申込者は定員の約3倍に達し、抽選となったそうだ。

木は二度生きる ～木育マイスター育成研修への参加～

私が受けた研修の内容を紹介しよう。それが木育と木育マイスターを理解してもらう近道になると思うからだ。

平成22年度 木育マイスター育成研修（札幌会場）は、第1回が秋の2日間、第2回が冬の2日間、計4日間の日程で行われた。またその間には1回以上のＯＪＴ（実際の木育活動で実践活動を経験し、指導法を学ぶプログラム）があり、木育マイスターとして認定されるためには、第1回、第2回、ＯＪＴを全て受講する必要があった。

初日の研修は北海道大学遠友学舎で行われた。研修にはテレビ局の取材も来ており、注目の高さに身が引き締まる思いがした。

はじめに「体験学習の理解」について、研修の事務局も務めている「ＮＰＯ法人ねおす」

の宮本英樹さんから北海道大学構内の樹木などを活用した講義があり、室内に戻ってから自己紹介をすることになった。

その際、宮本さんは、自分が「みどり系」の人か、「ちゃいろ系」の人かに分けて自己紹介するように促された。

みどり系とは、普段の仕事やプライベートで森の中や自然環境に関わる活動をしている人、ちゃいろ系とは、製材や木工など伐採された後の木を用いて仕事などを行っている人だと説明された。つまり、研修生は大きく2種類に分けることができるのである。一瞬、私は何色の人間なのか悩んだが、みどり系の人間であると自己紹介することにした。

続いて「木育の理念」について、KEM工房の煙山泰子さんから「木の玉手箱」などの教材を使った講義があった。煙山さんは、私と木育の出会いとなった「木のタマゴ」をつくった方である。初めての対面にとても感激した。

最後に「人の成長と木の関係」についてNPO法人北海道子育て支援ワーカーズの長谷川敦子さんから、木のおもちゃが持つ特性などについて講義があった。大人になってから、おもちゃで遊ぶことはなかったので、ちょっと新鮮な講義だった。

1日目の講義の中で、印象的だったのは、「木は二度生きる」という言葉が紹介されたことである。もともとは、宮大工の故西岡常一さんがおっしゃった言葉らしく、樹齢

写真4　持ち運びのできるペレットストーブ

1000年の木は、伐採されても建築物になってさらに1000年生きるという意味だそうだ。

ここに集まっている人たちは、木の一度目の人生に関わっている、みどり系の人、そして、木の二度目の人生に関わっている、ちゃいろ系の人がいるということを学んだ一日だった。

2日目の研修は「木とふれあい木に学ぶ」をテーマに、苫小牧市テクノセンターで北海道立総合研究機構林業試験場の佐藤孝弘さんから森林に関する基礎的な知識の講義があった。普段の仕事に近い講義だったが、ラミネート加工された葉を使って樹木の名前を覚える講義があり、新鮮な体験だった。実は、木育マイスターになった後にこの方法を活用し、葉っぱのラミネートという活動プログラムを考案して、木育教室で行っている。

午前の座学の後、「苫東和みの森」に移動し、NPO法人ねおすの上田融さんの指導により、間伐、木道づくりなどを行った。久しぶりに童心に返ってプログラムに参加した。休憩コーナーには持ち運べるタイプのペレットストーブが置かれており（写真4）、とても興味を持ったので、帰ってから購入してしまった。実は、これも後の木育教室で活躍することになった。

その後、製材会社の株式会社ヨシダに移動し、丸太が木材になる過程を見学した。工場はとても大きな音で、見る見るうちに角材に加工されていった。初めての経験で、とても勉強になった。

木はつながりのキーワード ～木育マイスター登録～

第1回と第2回の講義の間に、私は家具工房「旅する木」（当別町・旧 東裏小学校）でOJTを受講した。幼稚園で使う椅子を園児や保護者が自ら製作するプログラムの補助をするという内容だった。

実際の作製指導を家具工房「旅する木」の須田修司さんが、園児や保護者の方への導入を宮本さんが行い、研修生はそれらの補助を担当した。プログラムの組み立て方や協働する方法など多くのことを学んだＯＪＴだった。私が一生懸命に焼いた焼き芋を、おいしそうに食べてくれた園児たちの笑顔がうれしかった。

第２回の研修はＯＪＴと同じ家具工房「旅する木」で行われた。はじめに「木と生きる～暮らしと産業～」をテーマに、ノンフィクションライターの西川栄明さんの木材製品の歴史や特徴についての講義があった。西川さんの講義で個人的に面白かったのは、同じ樹でも、場面によって名前が変わるという話だ。

私が仕事で生き物の名前を使うときには、標準和名や学名を使用する。例えば、「ウダイカンバ　*Betula maximowicziana*」といった名前だ。ところが、木材として市場に回るときには、マカバに変わる。違う分野の人たちと協働するときには、このような細かい違いにも気をつけなければならない。

講義の後は、須田さんの指導で木の標本製作を行った。サクラ、メープル、クルミ、ナラ、ウォールナットの5種類の木材をカットし、穴を開け、面取りをして、やすりをかけるという作業で、短い時間ながら木工の基礎的な体験をすることができた。

第２回最後の研修は、旭山記念公園森の家で行われた。「木はつながりのキーワード～

プログラムの伝え方〜」をテーマに、宮本さんから指導法や企画づくりの基礎に関する講義があり、最後にグループワークによりプログラム企画を行った。

宮本さんは、講義が一方通行にならないように意識して進行してくれた。このころには研修生同士もすっかり仲良くなり、楽しい雰囲気の中、プログラム作成の実践に近いグループワークを行うことができた。

こうして、全てのカリキュラムを修了し、晴れて木育マイスターとなることができた。北海道から「木」でできた認定証が送られてきて、木育マイスターとなったことを強く実感した（写真5）。

木育マイスターになって何よりも良かったことは、ほかの木育マイスターや木育に携わる多くの方々と知り合いになれたということだ。

木育マイスターは、自分の専門については詳しいが、ときに専門外のことをプログラムに入れなくてはいけないことがある。

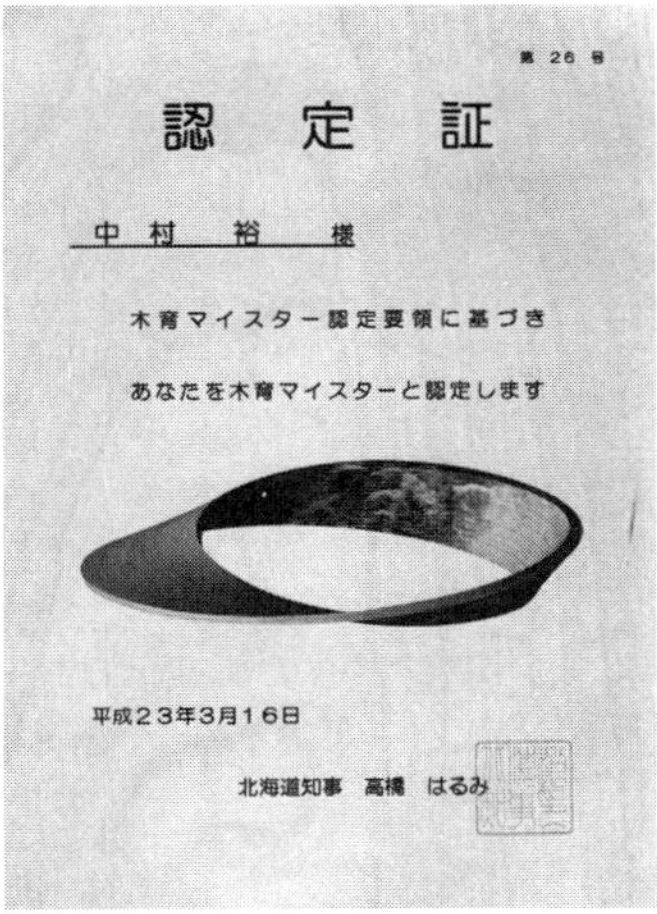
第 26 号

認　定　証

中　村　裕　　様

木育マイスター認定要領に基づき

あなたを木育マイスターと認定します

平成23年3月16日

北海道知事　高橋　はるみ

写真5　木育マイスター認定証

そのようなときにも、その道に詳しい木育マイスターや木育関係者が必ずいる。彼らに相談し、アドバイスをもらったり、ときに一緒にプログラムに参加してもらうことで、より多様な活動を提供できる。

木育の基本理念の一つに「共感を分かち合える人づくり」とあるが、私は木育マイスターや木育関係者が協働することで、率先してこの理念を実践している。

子どもたちと、大人たちとも

私の木育マイスターとしてのデビューは、平成23年7月の「アリオ札幌」での木育教室だった（写真6）。木育マイスターを冠する大型イベントの1回目だったそうだ。イベントには多数の方々に参加していただき、盛況のうちに終えることができたが、個人的には、未熟な部分も多かったなと反省した。木育マイスターは、多くの経験を積みながら成長していかなければならない。資格を取ることがゴールではなく、スタートなのだと痛感した。

木育マイスターが認定された当時、札幌近郊と北見近郊に木育マイスターが集中しており、他の地域で木育活動を実施するのがなかなか難しい状況にあった。

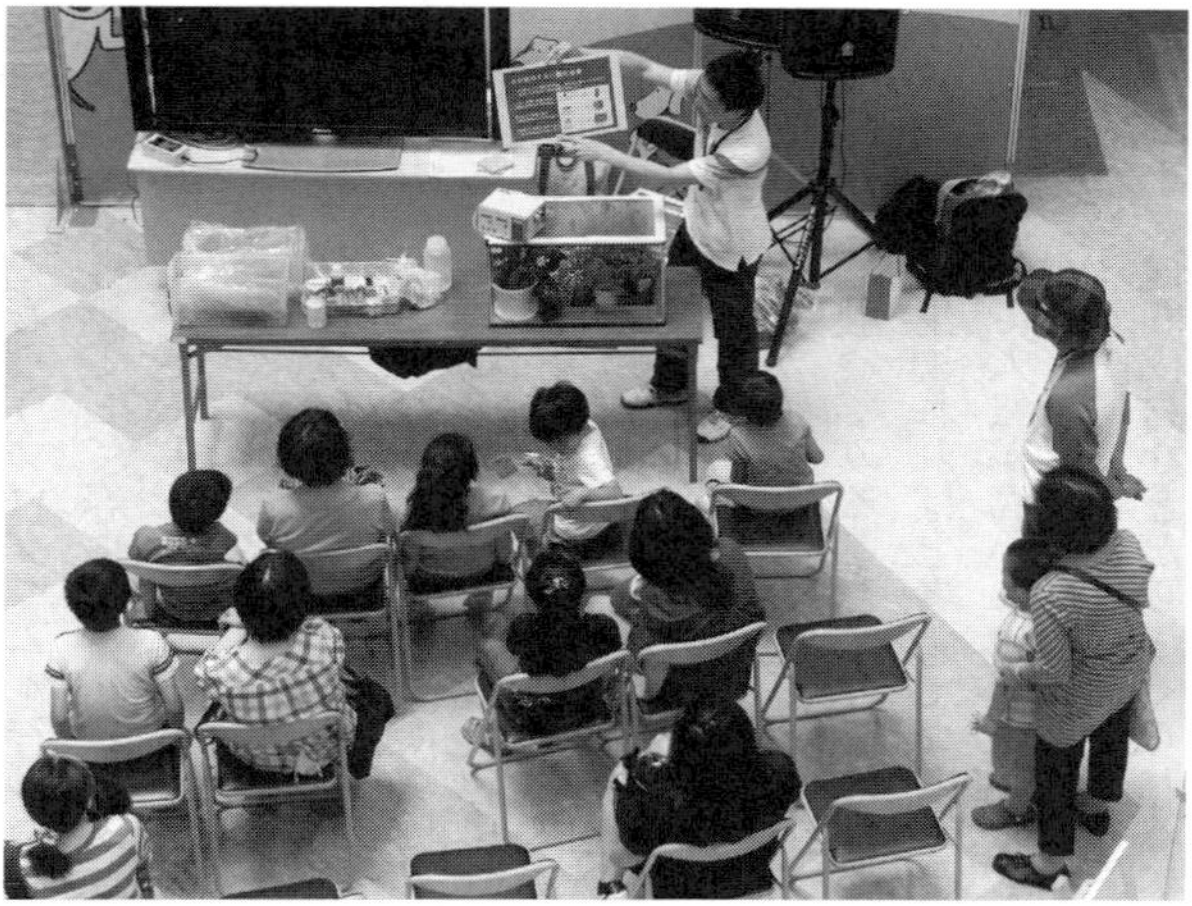

写真6 「アリオ札幌」での木育教室

そこで、日高や後志管内の幼稚園や保育園、関係機関の方々と協議を重ね、幼稚園児や保育園児を対象とした木育教室を、日高管内で計4回、後志管内で計2回実施することにした。少々の苦労も、子どもたちの笑顔を見ると、やって良かった、次も頑張ろうというエネルギーに変わる。管外への木育マイスターの派遣は、私たちが初めてだったそうだ（写真7）。

木育教室を行う際、気をつけていることの一つが、木育の基本理念である「五感と響きあう感性を育む」ということだ。

例えば、五感の一つである「触感」を育むため、幼稚園の木育教室では、冬芽《ふゆめ》に触ってもらうプログラムを行った。

冬芽とは、越冬して春に葉や花になる芽のことで、寒い冬を乗り越えるために、樹木はさまざまなやり方で冬芽を守っている（写真8）。例を挙げると、クルミの冬芽はモコモコの柔らかい毛で覆われている。ナナカマドの冬芽はべとべとの粘液に包まれており、これが不凍液のような働きや虫を寄せつけない働きをしているようだ。

子どもたちには、冬芽の戦略まで理解することは難しいかもしれないが、モコモコやべとべとに触ってみることで、なにか心に残るものが生まれればと考えている。

屋外の活動で人気が高いのは、ペレットストーブの実演である（写真4）。ペレットストーブは間伐材などからつくられる木

写真7　浦河町での木育教室

質ペレットを利用したストーブである。ペレットストーブというと高価で据え付け型の大掛かりなものを想像される方も多いが、最近では安価で持ち運びが可能なものも出回っている。

幼稚園の木育教室で、バーベキュー用の持ち運び可能な小型ペレットストーブを使って焼き芋をしたことがある。焼き芋を楽しみに待っていた子どもたちに、木質ペレットが燃えるときの煙の匂い（嗅覚）や、ストーブで焼き上がった焼き芋の味（味覚）が残ればいいなと願いつつプログラムを実施している。

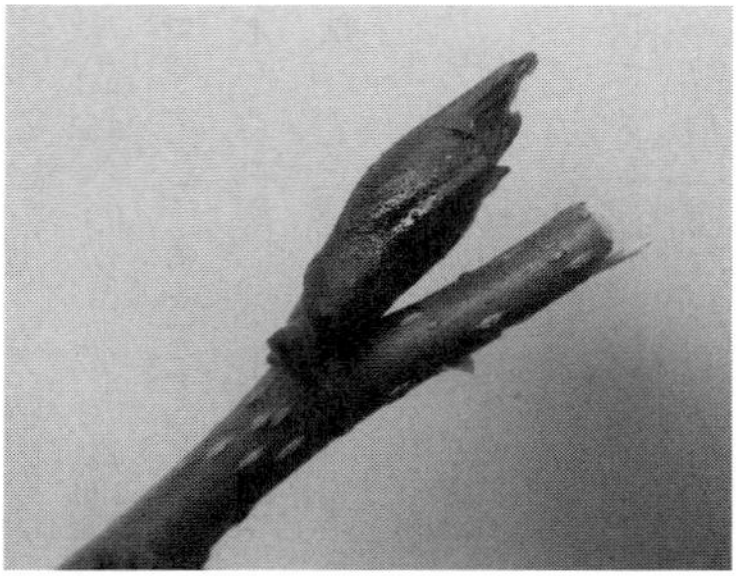
写真8　ナナカマドの冬芽

屋内の活動では「木の箸づくり」や「おがこアート」などが人気だ。

木の箸づくりでは、長さ24センチで8ミリ角の道産材のサクラやキハダをかんなで削り、紙やすりで角を落として、エゴマ油で塗装すると立派な箸が完成する。

おがこアートとは、木材を加工したときに出る細かい木屑〝おがこ〟をポスターカラーで色付けした「カラーおがこ」を使い、木の板や輪切りの木に木工用接着剤を使って絵を描くプログラムである。

これらのプログラムは、商業施設などで行うと、子どもよりも一緒に来ている大人がハマってしまうこともしょっちゅうである。木育は子どもだけのものではなく、全ての人が木とふれあい、木に学び、木と生きる取り組みなので、木育マイスターとしては、これも成功だと感じている。

この本が出版される平成25年は、木育という言葉が生まれてから10年目になる。これが木材なら、出荷されるにはまだまだ小さく、間伐や下草刈など手入れが必要な時期である。

冒頭に述べたように、木育は人づくりである。子どもから大人まで、そして木育マイスター自身も樹が生長するように時間をかけて学んでいける、息の長い、持続可能な取り組みとして進めていきたいと願っている。

（エンジニアの欄外メモ）

木育について、もっと知りたい方への参考資料

▼**北海道の木育**

http://www.pref.hokkaido.lg.jp/sr/sky/mokuiku/

北海道庁が運営する木育のポータルサイト。北海道庁の木育の取り組みや道内で行われる最新の木育イベント開催情報などが更新されている。

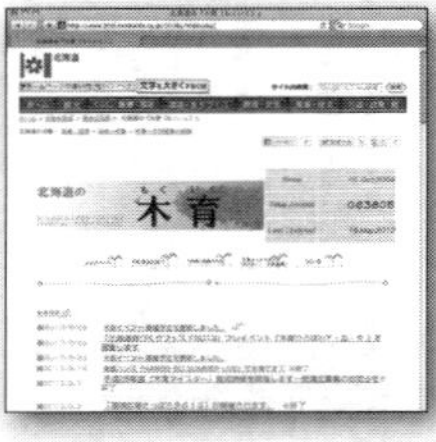

▼**木育ファミリー**

http://www.mokuiku.net/

木育ファミリーは「木育」を広めるため2005年4月に発足した民間の組織。さまざまな分野の人が会員となり、協力して木育の普及に取り組んでいる。個人会員には、毎年会員証として希望する木育のタマゴが配布される。

▼**木育マイスター**

http://www.pref.hokkaido.lg.jp/sr/sky/mokuiku/meister/top.htm

北海道庁のサイト内にある木育マイスターの活動内容や活動情報、木育マイスター育成研修の情報をまとめたページ。また木育メールマガジン「わくわく！　木育（もくいく）通信」が、毎月第3木曜日に配信されており、誰でも登録することができる。

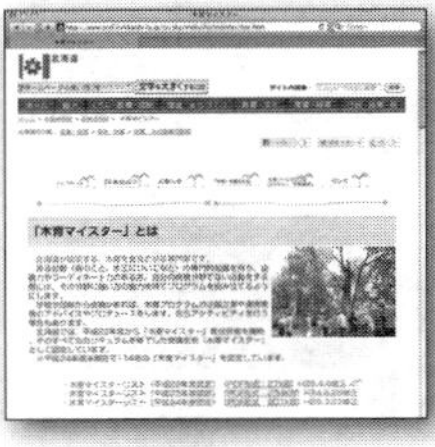

▼**「木育達人（マイスター）入門」**

木育マイスター育成研修で使用するテキスト。上記の「北海道の木育」サイトから入手できる。

Ⅱ―3

未来の大人とかつての子どものパークボランティア

福原 賢一

公園は身近な存在である。
しかし、一口に公園といっても、
森のある公園、野球場がある公園、
川が流れている公園、遊具のある公園……
実にさまざまな形態の公園があることに気づく。
いろいろな公園のデザインを考え、設計している人たちは、
さぞかし遊びが大好きな人なのではないですか?
そんな声も聞こえてきそうだ。

ある意味、それは正解かもしれない。
公園利用者に
「楽しかった！　またここに遊びに来たいね！」
という歓声を上げてもらうためには、
たくさんの楽しさや魅力を知っていなければならないからだ。
公園の利用者に寄り添うべくパークボランティアをしている筆者の
ちょっとした経験を披露しよう。
お気に入りの公園も、
設計者のこんな経験から生まれていると知ってくれたら、
ちょっとは身近になるかもしれないから。

写真1　知的好奇心をくすぐる森林ガイドの一コマ

秘密基地のワークショップ

子どものころ、誰もが秘密基地づくりを経験したことがあるだろう。

竪穴式、横穴式、樹上式……、子どもながらに頭を働かせて創意工夫しながらつくり上げる秘密基地遊びは、子どもの楽しい遊びの代表格だ。

私も季節に応じていろいろな形式の秘密基地をつくって遊んだ。しかし、使われる素材は、いつも身近で簡単に手に入れることができる枯れ草や木の枝、せいぜいダンボールや薄いベニヤ板といったところだ。

ところがあるとき、ごみ集積場にタタミ1畳ほどの大きさで、中央に開閉できる蓋の付いた鉄板が落ちていた。後に分かったことであるが、この素材は舗装面下の地下ピット方式でつくられた業務用ダストボックスの蓋として使用されていたものだった。

これは使える！ とワクワクしながら友達数人と放課後に運び出し、秘密基地の扉にすることにしたのである。

それから毎日毎日、学校の休み時間や放課後に集まってはどんな秘密基地にするのかについて話し合いが行われた。これって、今日、公園をデザインするときの住民ワークショップにとても似ている。このころから訓練をしていたのだなと思わず苦笑いしてしまった。

さて、わんぱくワークショップの結果、扉は横穴式秘密基地に使うものとしてデザインされ、今度は毎日穴掘りとなった。掘っていた場所は火山性堆積物の関東ローム層だからとても崩れやすく、そのたびにごみ集積場に行っては、坑内崩落を防ぐ土留資材を調達し、補強しながら秘密基地工事を進めていった。このプロセスも実に楽しかった。

友達と工事の方法について意見の食い違いが生じけんかになったこともあったが、みんなの力を合わせて土砂崩壊を食い止めたときの達成感は今でも忘れられない。

その後、鋼製という近代的素材を使ったモダン建築の秘密基地は目覚しい進化を遂げ、最終的には、秘密基地内部で煮炊きができる空間にまで改築を繰り返した。

何を煮炊きしたかって？　一番面白かったのは、秘密基地周辺のやぶに住むウズラの巣から卵を失敬してきて、これまたごみ集積場から拾ってきた空き缶を使ってゆでて食べたことだ。ウズラさんには大

図1　アイディア発想が決め手の秘密基地遊び

変申し訳ないことをしたなと、この場を借りておわびしたい。

こうした経験から、自分たちで創意工夫して遊ぶことが、遊びの達成感を高めること、そして自分たちの遊びの技術を向上させることを学んだ。

わんぱく坊主のレストラン

外遊びに夢中になっていて、ふと気づくとお腹が減っていたり、のどが渇いていたりしたことがあるだろう。家が近くであれば一度家に帰っておやつを食べたり、近くに公園があれば公園の水飲み場を利用したりしたかもしれない。でも、わんぱく坊主たちは冒険心が旺盛だ。そこでわんぱく坊主たちがターゲットにしたのは、木の実。

私が生まれ育った場所は、季節になると木の実がたくさん実ったものだ。よくお世話になったのがアケビだ。秋になると小さなサツマイモのような実がなり、食べごろになると表皮がパカッと割れてくる。タネの周りの果肉が甘くてとてもおいしいおやつになった。

次にビワ。自生をしているわけではないが、誰かが食したタネから発芽して野生化したものだと思う。ビワの産地ということもあり、初夏になると通学路の林縁に、オレンジ色の果実が結構実っていて、かぶっていた帽子いっぱいに詰め、道を歩きながら食べたものだ。

　木の実ではなくても、利用できるものは利用していた。のどの渇きを癒やしてくれたのがイタドリである。イタドリはタデ科の多年草であり、小川の縁や低湿地によく見られた。茎の内部がストロー状に空洞化していて、茎を折るとスカポン！　と音が鳴ったことからスカンポと呼んでいた。

　このスカンポ、外皮をむいて芯をかじると、酸味のある汁がジュワっと溢れ出てくるので、これを吸って水分を補給した。

　利用したのは植物ばかりではない。秘密基地でのウズラの卵もそうだが、動物性タンパク質もしっかり摂取していた。当時の水田ではあまり農薬も使われておらず、用水路や田んぼの中にはたくさんの生きものたちの姿が見られた。

　ドジョウやウナギも生息していたが、幼いわんぱく

図2　四里四方におやつあり

坊主たちには捕まえることも調理することも難しい素材だった。そこで目を付けたのがアメリカザリガニ。

あぜに巣穴を開けて漏水させるので、農業者には嫌われていた。だから、下校途中の田んぼでザリガニ釣りをしていても怒られることはなかった。釣ったザリガニの尻尾の皮をむき、たき火で焼いて食べる。シンプルだが意外といけるおいしさなのだ。

これらは最初から持っていた知識ではなく、一緒に遊んでくれたガキ大将や親、祖父母といった人生の年配者から伝承されたものだ。楽しい遊びというのは、ある意味生活に密着したものであって、関係者のヒエラルキーによって、遊びに深みが増していたものだと思う。

トンちゃんの椅子

幼少のころは、遊びの知識も技術も未熟だ。それを補い、遊びの魅力を高めてくれたのが年長者の存在だった。私が幼稚園の年長から小学校に入学したころにかけて、地域のわんぱく坊主たちを仕切っていたトンちゃんというガキ大将がいた。

そのわんぱく坊主たちが木登りのために群がっていたのは、スダジイというブナ科の常緑広葉樹だ。その木の一番上にはトンちゃんの椅子と呼ばれる、ガキ大将しか座れない枝があった。幼少の自分には、当然憧れの枝であったわけだ。でも、体力的にも技術的にも、まだまだトンちゃんの椅子に到達することはできなかった。

低学年だけ早く下校できたある日、覚悟を決めてトンちゃんの椅子を目指して木登りをしたことがある。

最初の難関は、懸垂力を使って一番下の枝に足を掛けることであった。手足をすりむきながらも足を掛けてしまえば、そこからは、らせん状の枝ぶりが手伝って、意外とスムーズに登ることができた。トンちゃんの椅子も目の前にある。夢中になって登り、何とかトンちゃんの椅子に座ることができたのである。もし、このときの達成感とみなぎる自信を計る機械があったなら、間違いなくメーターは振り切れていたことだろう。

しばし自己陶酔に浸り、さて今度は降りることになるのだが、これがまた難しいのだ。しかも帰りはどうしても下を見なければならないから恐怖心もあおられる。ついに足がすくみ、途中で大泣きをしてしまい、泣き声を聞いた近所の大人に救助されたという、なんとも情けない結末に終わるのであるが、このときに得たトンちゃんの椅子まで登れたという自信が、次なるステージへ自分を進める原動力となった。

いつかあの枝に行きたい！　という目標を持ち、遊ぶたびに体力と技量が向上し、やがては目標が達成される。そんな遊び方をいつの時代の子どもたちにも経験してもらいたいと願う。

余談だが、木登りに変な自信を持った私は、その後いろいろな木に登り始めた。どの木もみんなスダジイと同じだと思っていた。柿の木に登ったとき、足を掛けた枝が付け根から折れ、木登りが得意という自信もろとも地面へたたき落とされた。柿の木は材としての堅さはあるが、非常に折れやすいということを、身を持って知ったのである。

こんな経験を数々積んで、公園緑地を専門分野とする技術者になった私が、遊び場をデザインするとき、いつも思うことがある。大人が遊びを提供するのではなく、子どもたちが本来的に要求してくる楽しいこと、楽しくなれることが考えられる空間や場面をさりげなく用意してあげたい。

そこには多かれ少なかれリスクが存在するが、子どもたちは本能的にこれらを察知し、回避するための行動を起こすのだ。大人が遊んで楽しい空間は当然のように子どもたちも

図3　チャレンジ精神を培った木登り遊び

楽しい。
「危ないからあれをしてはいけません」「服が汚れるからあそこで遊んではいけません」では、心の底から楽しく遊べないはず。子どもの仕事は全身を使って遊ぶこと。だって、そんなことは、子どものときにしかできないのだから。

虹の巣ドームのネット

こんな経験を踏まえて設計した遊具を紹介しよう。場所は札幌市南区にある国営滝野すずらん丘陵公園で、子どもの谷にある虹の巣ドームのネット遊具だ。

この遊具は、造形作家のマッカーダム・堀内紀子さんがデザインし、自らが編み込んで製作した大人気の遊具である。

設置から時間が経過し、材料の劣化と汚れが著しくなったため、ネット遊具そのものを交換することになったのである。

幸運にも私は、この大人気の遊具の更新設計に携わることになったのだが、同時に大変なプレッシャーを感じたのである。それは、更新設計にあたって提示された条件であった。

「堀内さんが手掛けた造形美を損なうことなく、デザインを行うこと」

「遊具としての強度を保持しつつ洗浄が可能な素材を使用すること」
「迷路のような楽しさを残しつつ、少し考えると登はんルートが理解できること」
「緊急時に、大人がスムーズに頂上部に到達できること」
「維持管理や補修作業が比較的容易に行えること」

など、幾つかの条件が満たされるよう、模型を作り、何枚もデッサンを重ねたのである。最も頭を悩ませたのが、「迷路としての楽しさ」と「緊急時の頂上部への到達」の両立であった。初代の堀内さんのデザインは、カラフルな色彩と登はんルートに絶妙なルールがあり、デザインと迷路遊びが見事に両立していたのである。

現場主義の私は、公園の許可を得て、何度も何度も虹の巣ドームに足を運び、実際に堀内さんの作品を利用しながらイメージを膨らませていった。

悩んだ末、「迷路ルート」と「緊急ルート」は別々な構造として成立させることにし、普段は「緊急ルート」もネット遊具の一部として利用できるようなデザインに仕上げたのである。

完成した2代目虹の巣ネットの写真で分かるように、これまでの遊具にはなかった3本の直登部が「緊急ルート」として設けられている（写真2）。この直登ルートは、建築物などに設置されている避難用シューターをモチーフにデザインし、誤って子どもが一番上の穴か

写真2　木登り体験をヒントに発案したネット遊具（国営滝野すずらん丘陵公園）

ら落ちても、下の段のネットで受け止め、落下事故にならないように工夫されている。

実はこの「緊急ルート」に、トンちゃんの椅子で培った経験が盛り込まれているのである。「緊急ルート」の構造を支えているのが、リング状のパイプなのだが、このパイプとパイプとの寸法を、施設利用対象年齢の人体寸法に合わせたのだ。

ネット遊具の利用対象年齢は、小学生以下と設定されていた。小学生も3年生以上にもなれば、誰でも頂上部にたどり着くことができるだろう。私が設計時に工夫したのは、小学校1・2年生の低学年と、就学前の小さな子どもたちの遊びである。

「緊急ルート」になっている直登部は、それなりの腕力が備わっていないと自力で登ることは難しい。ましてや力が逃げやすいネット構造だからなおさらだ。

私はこのルートを密かにチャレンジルートとして位置づけ、子どもたちの成長とともに少しずつ登っていくことができるように設計した。つまり自分がトンちゃんの椅子で経験し、大人になった今でも鮮明に覚えている達成感を味わえる場を用意したのである。

やがて2代目ネットは完成し、公園に設置されたのだが、設置直後に利用者から意見が寄せられたそうである。その意見とは「ウチの子どもが登れないので、簡単に登れるようにしてほしい」というものであった。

保護者のみなさん。どうか子どもたちにもう少し時間を用意してあげてください。何度か遊びに来ているうちに、必ず一人で頂上まで登れるようになりますから。そして、その日が来たとき、思いっきりお子さんを褒めてあげてください。

きっとそのときのことは、一生の思い出になるはずですから。

泥だらけの池遊び

よく「今の子どもたちは……」なんて言葉を耳にする。しかし私は、遊びに関して今も昔も根本はそんなに変わらないと感じている。変わったのは、子どもたちが楽しく遊べる環境だ。都市化とともに自由に遊べる場が無くなったり、宝の山だったごみ集積場は、分別やリサイクルの時代で自由に拾ってこられなくなったり、一番かわいそうなのは、あれもダメこれもダメという、遊びの魅力の源泉となる「リスク」まで排除してしまうという社会風潮ではないだろうか。

私は、平成21年（2009年）4月から、国営滝野すずらん丘陵公園でパークボランティアの活動をしている。森林ガイドや林床の草刈など、幾つかの活動をしているが、最も刺激を受けるのが、自然と利用者の仲介者を担うインタープリターの活動だ。

自然環境の基礎知識やそれを伝える話術、自然の不思議に気づくきっかけを与えるタイミングと手法など、ボランティアスタッフとはいえ、それなりの技術が求められる分野なのだが、この公園にやってくる大勢の現代っ子たちに気づかせてもらうことも多い。

公園内では、園外に持ち出しさえしなければ、昆虫や水生生物などを自由に捕まえて観察することができる。森の中の池を開放し、泥だらけになりながら生きものを捕まえたり、水遊びをしたりできる場を設けている。

初めのうちは、網を片手に池の周りをウロウロしながら、遠慮がちに網を池に入れている。当然そんなやり方ではヤゴの一匹も捕まえられない。そこでボランティアの登場だ。「いいかい！　ヤゴを捕まえるにはこうやるんだよ！　よく見ていてね！」とは絶対にやらない。

子どもたちには何も言わず、靴を脱いでズボンの裾をまくり、裸足になって池にジャブジャブと入っていく。みんなあっけにとられて目を丸くしている。

そんなことは構わず、池に生える水草の根元に網を入れる。

「よっしゃ！　エゾサンショウウオをゲットだぜ！」と叫ぶと、「すごーい！　見せて！」と子どもたちが寄ってくる。

知的好奇心を刺激したらもう一息だ。後は泥だらけになることへの壁を外してあげるだけ。

「池の中に入って水草の根元をすくうのさ！　そうしたら生きものが捕まえられるよ」と、少しだけ理性の背中を押してあげる。そのうち、一人の子どもが池に入りだすと、後はその子に続くようにわれ先にと池に入りだすではないか。

この光景を見たとき、昔の自分の姿と重なり、子どもの遊び心は今も昔も変わりないなと思った。

この泥遊び、結局楽しさにハマって最後まで池に入っているのは、子どもたちを連れてきた親だったりする。今では貴重な泥遊び場となってしまったこの小さな池が、親子の絆を深める空間になっているのだな、とほほ笑ましく思う。

写真3　子どもたちと同化して楽しむ池での生きもの探し

アオダイショウに触ってごらん

国営滝野すずらん丘陵公園の森ゾーンでは、たくさんの生きものを目にすることができる。森の中ではクワガタやきれいなチョウ、水辺ではいろいろな種類のトンボが飛び、カエルが合唱をしている。運がいいと、キタキツネ、エゾクロテン、エゾタヌキなどの哺乳類に出会うこともある。意外と多いのが爬虫類だ。

笹やぶの縁では、ヒガシニホントカゲやニホンカナヘビが、日向ぼっこをしている光景をよく見る。アオダイショウもたくさん棲んでいる。子どものころは恐怖心も薄く、好奇心が旺盛だったこともあり、アオダイショウを捕まえて遊んだものだ。だけど大人になった今、たとえ自然が好きなボランティアであっても、好んでヘビを捕まえようとは思わないだろう。

ある日、森にアオダイショウが現れた。ボランティアの中には、大人になってもヘビ好きなメンバーがいて、簡単に捕まえて手渡してくれた。一度手に取ってしまえば昔の勘が戻ってくる。

そうそう！　手のひらに伝わってくるこの筋肉の動きがすごいのだ。この感覚を遊びに来てくれた子どもたちにも味わってもらおうと、つかんだアオダイショウを見せてあげると意外や意外、どの子も触ったり叩いたりの大騒ぎ。怖いと泣いたり逃げ出したりする子

写真4　意外と人気のアオダイショウ

はいなかった。

そう言えば子どものころは、何でも恐れずにいろいろな物を触っていたことを思い出した。恐怖心の薄さは、子どものうちに、いろいろな物に触って体験しておくために備わっている機能なのかもしれない。

笑いがこだまする木の枝ブランコ

この公園では、利用者の自覚と責任のもと、自由に好きな遊びができる滝野版プレイパーク「冒険遊び場・きのたんの森」を開催している。そこで人気なのが、木の枝にザイルを結びつけた手作りのブランコ。

座板もシラカンバの枝をノコギリで切っただけのもの。一見するとラフな構造で、こいでいてもクルクル回ってしまいリスクが多くありそうな感じだ。もちろん、始める前にザイルのほつれはないかとか、座板の強度は大丈夫かとか、ザイルを結ぶ木の枝は折れないかなど、子どもたちが予測できないハザードを、大人たちの手で取り除くことが前提だ。不安定で危なそうな木の枝ブランコがなぜそんなに人気が高いのか？ それは、子どもたちがきちんと遊具の挙動を予測し、その対処を無意識に行うことで、リスクが魅力に変わって行くからなのだ。

初めのうちは、子どもがザイルから手を離して落ちやしないか、いつも乗っているブランコと挙動が違うので怖がって泣きやしないか、なんていらない心配をしたものだ。毎回行列ができて笑いがこだまする木の枝ブランコは、今まで一人も落ちたり、怖がって泣きだしたりした子どもはいないのだ。心配なのは、むしろ見守るわれわれの慣れだと思う。だから常に気を引き締め、ハザードの除去に努めなければならないと肝に銘じている。

公園をデザインするということ

公園をデザインする上で重要だと考えているポイントは、その場がどういう環境に接しているのかということと、誰がどのようにして利用するのか、もしくは利用してもらいた

写真5　大人気の木の枝ブランコ

いのかということをきちんと理解しなければならない点だ。

この考えを発注者や施工者、はたまた利用者に伝えるとき、これまで培ってきたモノづくりやヒトづくりの作法が役に立つのだ。つまり、遊びをどれだけ経験し、知っているかが、話す相手から共感と理解をいただく上で、とても重要になるわけだ。

さらに言えば、建築物や橋などの構造物と違い、公園というのは成長する施設だということを忘れてはならない。具体的には姿かたちを日々変化させる植物材料をたくさん使用するということや利用者のニーズが時代とともに変化することなどである。たとえば、必要に応じて花畑や芝生広場やクワガタが生息する樹林などをデザインする。このとき、どのタイミングでどのような管理が必要になるのかも、しっかりとデザインに組み込んでおかなければならない。

公園を構成するパーツは実に多様で、植物材料のほかにも、園路や広場の舗装材料、遊具、ベンチ、テーブル、トイレなど、たくさんの素材とその組み合せで成り立っている。これらを常に安全かつ快適に使ってもらうには、それなりの維持管理をし続けなければならない。公園は「使われて価値が高まる」施設なのだから、いかに使われ、いかに維持管理するかをイメージするわけだ。

と言いながらも、公園のデザインを始めたばかりのころは、使いにくい空間や維持管理しにくい施設をデザインしてしまった苦い経験もある。でも、こうした経験が、積極的に外遊びをし続けよう！　そして、誰もが魅力に感じる遊びをデザインしよう！　という今日の自分の意思を支えているのだ。

国営滝野すずらん丘陵公園でのパークボランティアは、自然環境で遊ぶことが大好きな自分のために始めたプライベートな活動であるが、公園利用者と直接触れ合ったり、公園の維持管理者と直接話し合ったりする機会も多々あり、公園の設計者として、ますます遊びに磨きが掛かっていきそうである。

III 地域の歴史と未来をつなぐ

1 ピョウタンの滝——土地の履歴をひもとく旅　畑山 義人

2 スズランとラベンダー
——北海道観光を象徴する花の交代　朝倉 俊一

3 地域に知恵と勇気を
——どさんこ商品研究所と地域商品マーケティング　ドーコン叢書編集部

III-1 ピョウタンの滝
——土地の履歴をひもとく旅

畑山 義人

まことに珍しい来歴の「滝」である。
観光案内によると、役目を終えた発電ダムであるという。
それも、完成の翌年の洪水で土砂に埋まってしまったものらしい。
しかし、人工物とはいえ、
自然の滝の如くに流れ落ちる水の表情は実に見事だ。
堤体は幾つもの大岩を挟み込んでおり、水はそこで砕けて落下する。
その流水の半分は直下の大岩に受け止められ、
渾然一体の激流となって淵へと向かっている。
加えて、この迫力ある運動は
大気が震えるような音と優雅な水煙の舞を生む。
静と動がはっきりとした芸術。
上流の大岩（シテ）と直下の大岩（ワキ）が朗々と謡い舞っているようだ。
一体誰がどんなことを考えてこのような堤体を設計したのだろうか。
また、なぜ短い期間で使用を止めたのだろうか。
それから2年に及ぶ休日探偵のテーマは、こうして振り落ちてきた。

写真1　ピョウタンの滝（中札内村）

落水表情の美しいダム

魅力的な景観を創っている公共土木施設を調べていて、この「滝」に出会った。平成9年のことである。北海道中札内村の札内川上流域にあり、以前は小水力発電所の取水施設だったらしい。

現代の地図には滝のマークが付されているが、全高18メートル、堤頂長84・5メートルのれっきとした人造のダムである。堤体に自然の大岩を挟み込んでいるためにあたかも自然の滝のような落水表情が得られ、人為の姿（右岸＝上流から下流を見て右側）と自然の姿（左岸）が同居している。水景の魅力は「動き」と「音」を伴うこと。美しい樹林と清水に恵まれ、ここには滝の名に恥じない資質がある。

その姿に感動しながらこう考えた。「大岩を挟んだのは、セメントが貴重だった時代に使用量を減らす手段だったのだろう。人為の建造物でも、自然の助けを借りればこのような素晴らしい景観が得られるということか。凄いことだ…」。しかし、これは早とちりだった。その後当時の関係者を訪ねて知ることができたこの滝の歴史には、驚くべき事実が隠れていた。

無電灯地帯と北海道庁の政策

まずは北海道の電化の歩みをおさらいしておきたい。

北海道の電気事業は、札幌電燈舎（明治22年設立）が明治24年に出力25キロワットの汽力発電（高温高圧の蒸気を使ってタービン発電機を回す一般的な火力発電方式）を行ったのが始まりである。その後小樽電燈舎、函館電燈所、旭川電燈合資会社などが相次いで設立され、都市部の役所、会社、旅館、住民などへ電気を供給するようになった。

同じころ、北海道内の炭鉱、製紙工場、製鉄工場などの企業が大規模な自家発電施設を建設し始めた。北海道炭礦鉄道株式会社（通称：北炭）は明治31年に幌内炭鉱で汽力発電を始めたのを皮切りに、道内各地に火力・水力発電所を開設した。また、王子製紙苫小牧工場は千歳川に5カ所の水力発電所を建設した。明治43年に建設した千歳川第一発電所は落差130メートル、発電量2万5400キロワットを誇る当時日本最大の水力発電所であり、これは現在も稼動している（写真2）。

しかし、北海道は広い。電気事業は発電所のほか変電所、変圧器、送電線を含めた発送電システムを構築する必要があり、都市部以外の広大な区域に散在する住民にまで電気を供給するのはコストが掛かりすぎて簡単ではなかった。昭和10年代までに北海道の電気事業者は80数社にも増え、道内各地の電気導入は大幅に進展したが、市街地から離れた農村・漁村は電力供給を交渉しても多額の負担金が必要となるため、依然としてランプ生活を余儀なくされていたのである。

さて、こうした無電灯地帯の電化事情は、太平洋戦争前後に大きく変化する。北海道各地に誕生した多数の地域限定発電事業は、昭和16年の配電統制令によって国家管理が確立され、戦後は電気事業再編令と公益事業令によって全国に民営の9電力会社が組織されて、北海道電力株式会社に引き継がれた。そして、無電灯地帯を解消するために、国は積極的に自家用小水力発電を援助する方針を採ることとなった。これを受けて北海道でも昭和24年に「自家用小発電施設補助規則」を制定し、200キロワット以下の小水力発電施設を対象として道費単独補助金を交付することを決めた。補助率は国と道がそれぞれ事業費の30分の8以内（後に3分の1以内に増額）と決められ、つまり国と道を合わせて半額以上の補助となり、手厚い長期融資制度も用意された。

このように国と道が次々と奨励施策を打ち出した結果、北海道内の無電灯地帯では自家用小水力発電の気運が急速に高まっていった。そして、この制度を利用して建設された小水力発電所は全道で115カ所に及んだのである。本項で紹介する札内川小水力発電所もそのひとつであった。

写真2　千歳川第一発電所、落差130mの壮観
明治43年から既に100年以上発電を続けている

着工まで

これから記述することは、平成9年当時中札内村長だった小田中刻夷《おだなかときひろ》氏が提供してくださった中札内村史関係書類と昭和30年当時の新聞のほか、小田中氏が紹介してくださった建設当時の中札内電力利用農業協同組合関係者、そしてやっとのことで探しあてた工事関係者に面会して伺った話に基づいている。残念ながら設計を担当した技術者は昭和30年ごろに他界しており、設計図書はほとんど残っていないが、幸い組合の電気技師だった藤村《ふじむら》一見《かずみ》氏が保管していた札内川発電所竣工記念誌と写真から、多くのことがわかった。

昭和26年春、中札内村農業協同組合は自家用小水力発電所を札内川上流に建設することを決めた。当時は村を貫く国道沿線のみが電化されており、全戸数の3分の2がランプ生活であり、中札内村の500戸と隣接する大正村、更別村の一部を合わせて680戸に電力（出力160キロワット）を供給する計画を立案した。国と道の補助があるとはいえ、長期融資により各戸から年収の半分に相当する資金を調達しての事業だった。

設計担当は小水力発電の普及のために札幌通商産業局（現在の経済産業省北海道経済産業局）が斡旋してくれた松村某技手である。彼は発電所の工事経験のある土木技術者で、調達庁（東京）に在籍していた方だという。工事監理（設計通りに工事が遂行されていることを発注者の立場で監督すること）も彼が担当し、発電所が完成するまで夫人とともに村に住んだ。

発電形式は水路式であり、ダム（堰堤《えんてい》）を設け、その右岸の取水口から緩やかな傾斜の水路で約５００メートル下流の発電所上部に水を導き、そこから水圧管を通して落下させて水車を回す方式である。

発注者は中札内村農業協同組合、監督官庁は札幌通商産業局と北海道十勝支庁（現在の北海道十勝総合振興局）で、ダムと発電所の位置については地質調査会社と札幌通商産業局、十勝支庁の河川技術者の立会いのもとで協議を重ねて決定したという（写真３）。工事は帯広の株式会社萩原組（現萩原建設工業株式会社）が担当した。

写真３　建設地を上流側から望む
中央の大岩と右岸の間にダムを造ればよいと考えられていた

建設工事と大きな設計変更

当時21歳の若さでこの建設工事の現場代理人を務めた大島恒夫氏（千葉県松戸市在住）は、見取図を描いて説明してくれた（図1）。

ダムの堤体工事は、冬の渇水期に川を締め切って一気に行う計画だった。まず岩を削って仮の排水路Aを造り、図のB部をせき止めて川の水をAに誘導する。しかる後に水をくみ出しながらC部を掘ってコンクリート製の堤体を築くのである。河川の半分を締め切って行うこの工法は「半《はん》川《せん》締《しめ》切《きり》工《こう》法《ほう》」と呼ばれている。

しかし、最初の年（昭和27年春まで）は基礎となる岩盤がなかなか現れないうちに河川が増水し、締切堤が流されて失敗したという。再度地質を調査したところ岩盤が想定していた深度より数メートルも深く、設計をやり直して12メートルの堤高が18メートルになってしまったらしい［注：当初の設計は15メー

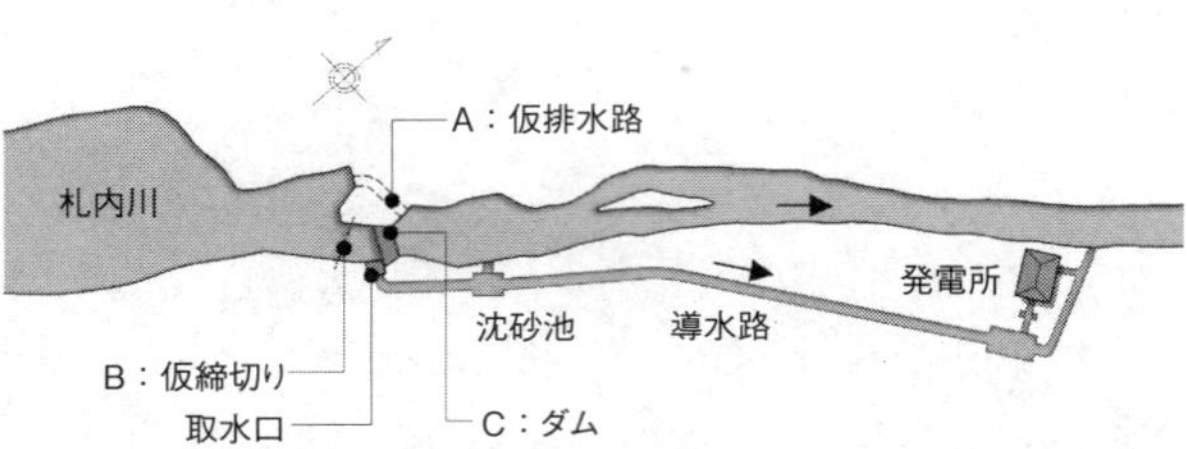

図1　札内川発電所見取図（大島恒夫氏のメモを基に作成）

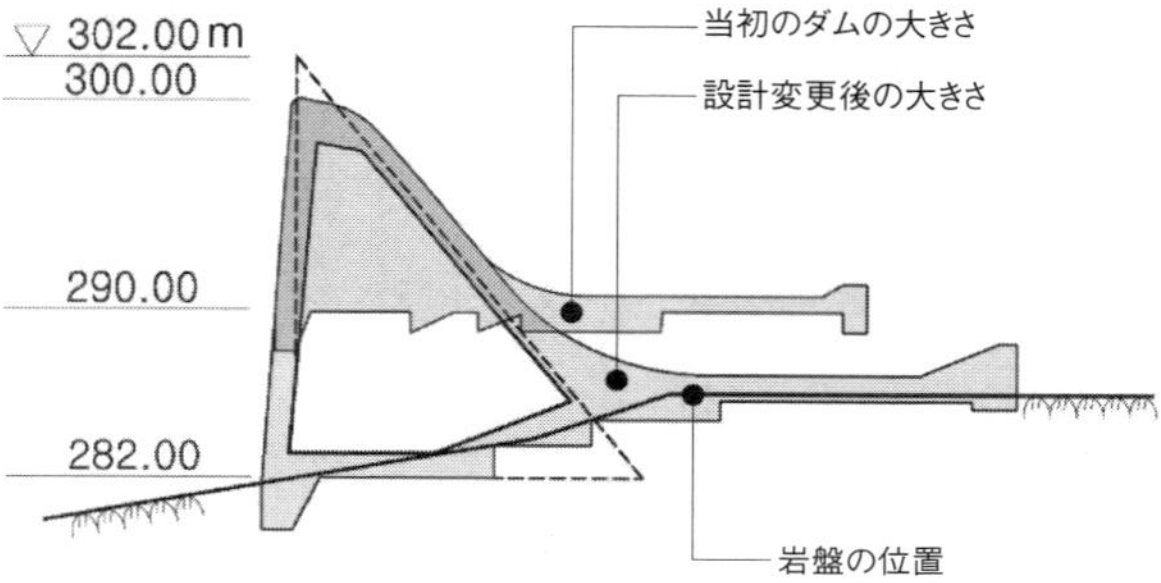

図2　ダム本体の設計変更

トルだったという記録もあるが、残っている図面では12メートルとなっている」（図2）。

大きな設計変更によって工事金額は倍増した。堤高が18メートルになったことによって中央の大岩を前後に巻き込む形でコンクリート堤体を築く必要が生じたために、翌年（昭和28年春）の工事も難航し、最後は毎日少しずつ増水してくる春水との競争となり、際どいところで完成するに至った。

堤体工事に前後して発電所と水路が完成した。堤頂長59・6メートル、総落差14・05メートル、有効落差9・32メートル、水車は荏原製作所製200キロワットである（写真4）。配電線路用地は村民が自らの土地を提供し、4210本の電柱は村民の労力奉仕によって設置された。

昭和29年1月より試験送電を始め、同年6月には盛大に竣工式を執り行った。B6版22ページの小さな竣工記念誌には、計画の経緯、発電方式、工事の手順とその苦労、規格、電気の上手な利用方法などが紹介されている。「水資源は石炭や石油等の地下資源と異なり、いくら利用しても尽きることがない」とし、「電線一本で脱穀調整、電熱育苗、畜舎の暖房、人畜の給水ができ、農村の電化は明るい展望を以っている」、「空気や水と違って電気が無くてもわれわれの生命には別状は無いが、文化の名に値する生活は消え去ることでせう」と記して、電気の効用を高らかに謳っている。村の発展を象徴する竣工式に村全体が沸いたのである（写真5）。

写真4　調整中の発電所

壊滅的打撃

そして、竣工式のわずか一年後、運命の時を迎えた。昭和30年7月の豪雨で、ダムは一夜にして流れてきた16万立方メートルもの土石で埋まり、貯水不能に陥るとともに、下流の発電施設も壊滅的打撃を受けてしまった（写真6）。札内川は多雨期に急激に水かさを

写真5　昭和29年6月に発行された竣工記念誌の表紙を飾る写真
大岩より右側は仮排水路の跡をコンクリートで埋めた部分であり、これによって大岩を挟み込むような姿となった。大岩の上にはエゾマツが残っている

写真6　昭和30年7月、洪水直後の発電所周辺

増す暴れ川だった。地名であるピョウタンの語源は「石と砂のあるところ」。流出土砂の多いことも知られていたが、被害を大きくした原因は前年の15号台風（洞爺丸台風）で上流域の森林が大打撃を受け、林相が変化したためであった。保水力を失った山から大量の風倒木が土石流とともに押し流され、下流域では橋も道路も家畜も流される大洪水となった。この災害は、全道各地で多くの命を奪った。

同じ日、十勝地方の小水力発電所は全て被災した。それらは次々と再建を決めたが、札内川小水力発電所だけは再建を断念した。建設費以上の復旧費用を要することがわかったからである。村では大議論の末、泣く泣く配電設備だけを活用して北海道電力から買電することに決めた。そして、借金だけが残ってしまった。

人の業《わざ》と自然の力

振り返ってみると、計画の妥当性に疑問がないわけではない。

まずは電気行政についてである。先述のように北海道の辺地の電気導入はなかなか進まず、やむなく各地の農協が中心となって電源造成まで行うこととなったのだが、当時この制度を利用して建設された115カ所の発電所は、しょせんは電力需要の増大に耐えら

写真7　昭和29年か30年冬のダム
川は厳冬期には凍結し、水がほとんど流れなくなる

れる規模ではなかったこと、水害に対して弱かったこと、運営組織が小規模で技術的・経営的指導性に乏しかったことなどから、数年で大部分が廃止されているのである。電気事業者の電源開発が進捗するまでのつなぎとして重要な役割を果たしたとはいえ、電気料金の高騰を防止する一方で辺地住民の過大な負担が長期に続いたことは、電気行政面からは残念なことだった。

もうひとつの反省は、何と言っても河川に対する認識が甘く、調査が杜撰《ずさん》だったことである。関係者のひとりは「あの暴れ川にあの規模の施設を造ろうと考えたこと自体が、国や道を含めて、皆の力の及ばないことだったのだと思う」と述懐していた。もっとはっきり言うと無謀だったのかもしれない。

河川に対する認識の甘さは、洪水だけではなく冬季の水量についても言える。北海道の河川は冬季には凍結して水量が減少する。写真7は試験送電の始まった昭和29年の冬か翌年の冬、つまり洪水に襲われる以前のダムの写真だが、厳冬期には発電量が激減し、送電できない日も度々あったらしい。発電所を建設したばかりなのに、もはや電力不足という危機に対応しなければならなくなったのである。そこで、農業協同組合では、電力不足に陥った際には当時中札内村の中心部まで届いていた北海道電力から買電することを決め、そのための配線工事を追加した。まさかすぐ使うことになろうとは誰も予想していなかったろうが、その配線のおかげで洪水による停電期間はわずか1日で済んだという。

写真8　札内川小水力発電所と同じく昭和28年に創建された戸蔦別川の取水ダム

なお、このダムが膨大な砂礫をためたおかげで、下流域の被害が減じられたという指摘がある。事実であろう。この災害をきっかけに、札内川では大規模な砂防工事が始まった。

ピョウタンの滝から北へ13キロメートル、戸《と》蔦別《つたべつ》川上流に川西村（現在は帯広市に合併）が昭和28年に建設した小水力発電所が残っている。当時は札内川発電所と同じ160キロワットの出力で500戸に電力を供給していた。昭和30年7月の同じ水害で相当のダメージを受けたが再建され、現在も発電を続けて全量を北海道電力に売電している。当時の様子を知る上で貴重な施設である（写真8・写真9）。

写真9　帯広市川西農協発電所の水車、出力160kW

形の成り立ち

さて、落水表情の美しいこのダムがどのようにできたのか、いま一度形の成り立ちを追ってみよう。

国と道の専門家の指導を得て決められ

写真10　昭和47年の改修時に満身創痍の姿を現した

たダムの建設地点は大きな岩が川を狭めていると ころで、設計者はその大岩から右岸方向にだけ堤体を造ればよいと考えていた。工事は半川締切工法で行われ、左岸の岩盤を掘削して仮排水路を設けた。ここまでは既に述べた通りである。

ところが、工事を担当した大島恒夫氏によると、工事中の大雨の際にその仮排水路にドッと流水が集中して周囲が抉《えぐ》られてしまったという。また、周囲の樹木をよくよく調べてみると、過去に堤頂より相当上まで水が押し寄せてきた形跡もあった。それで、大岩から左岸側だけを越流部にするのでは不足だということになり、最終的には中央に中島（大岩）を残して左右から越流させる格好に変更したとのことである。堤頂長は59・6メートルとなった。もちろん設計担当の松村技手が主導的に進めたことであろう。昭和30年の洪水前の姿（写真5・写真7）を見ると、中島にはエゾマツなどの高木が生い茂っている。それが、洪水で削ぎ落とされ、左岸も抉られた。

その後、ダムにとっても農業協同組合にとっても大きな転機が訪れた。ダムは水利権保持の手続きを取って原形のまま存置されていたが、昭和47年に道がダムを簡易水道の取水施設として買い上げることとなったのである。改修工事を行うために露わになったダムの姿が写真10である。このとき、出水時の越流の実態に合わせて左岸側を広げ、堤頂長が84・5メートルに増大した。

こうして現在の姿かたちができた。美しい落水表情は設計者が意図したものではなく、偶然の産物、自然の力による安定化の結果であり、越流部が左岸方向へ伸びて妙味が生まれたのであった。

写真11　A部は創建時に仮排水路だった位置
昭和47年の改修の際、堤頂が左岸側へ約25m（B部）広げられた

写真12　札内川園地の日高山脈山岳センター

ダムが遺したもの

昭和49年10月、ダムの下流に左右岸をつなぐ虹大橋（初代）が完成した。昭和51年には林野庁が「南札内渓谷札内川園地」に指定、この年から中札内村の施設整備が始まった。その際、この美しい姿を観光資源として活かそうということになり、地名をとって「ピョウタンの滝」と命名された。

そして昭和56年10月、「日高山脈襟裳国定公園」が制定された。札内川園地も公園内に含まれており、中札内村はレストハウス、バンガロー、トイレ、野外ステージ、山岳センターなどを順次建設し、現在に至っている。

同時代に造られた発電ダムは役目を終えて放棄されているが、このダムは簡易水道の取水施設としての役割を担って第二の人生を歩み、また美しい落水表情故に今では年間10万人もの人を集める、村を代表する観光資源になったのである。

さて、筆者はこのような「技術に関わる史実の掘り起こし」が大変重要だと考えている。現代の技術は、エンジニアが長い間蓄積してきた膨大な経験や知識の結晶であって、何か特別な事象が発生したり、新発見があるたびに、そのノウハウや教訓が都度成文化されて設計や施工上のルール（設計基準・施工要領など）となり、技術体系に組み込まれてきた。しかし、百のルールを学んでも、そのルールがつくられる契機となった「事象」と「理由」がわからなければ高度に活用することはできないのだ。

北海道各地のインフラには、このような「人の業」と「自然の力」とのせめぎ合いの物語が多かれ少なかれ存在する。そして、ピョウタンの滝がそうであるように、その証人や資料は年月とともに少しずつ失われ、風化していく。このような土地の履歴をしっかりと記録することは、現代のエンジニアの使命であるように思う。

［参考文献］「ピョウタンの滝・役目を終えた発電ダムの贈り物」（畑山義人／土木学会誌・1999年6月）、「中札内村史」（昭和43年11月）、「札内川水力発電所竣工記念誌」（昭和29年6月）、「札内川小水力発電期成会解散総会議案書」（昭和29年1月）、「ふる里の山と川、吉田勇治著」（平成9年9月）、「北海道の辺地における自家用電気施設の実態と対策」（札幌通商産業局・昭和41年12月）、「北海道の農山漁村電化のあゆみ（北海道農山漁村電気協議会連合会・昭和48年10月）　※この調査は1997～1998年に篠原修氏（当時東京大学教授）とともに実施した

Ⅲ-2 スズランとラベンダー

——北海道観光を象徴する花の交代

朝倉 俊一

ラベンダー畑は今日、北海道観光を象徴する風景である。
高い空の下、紫色に広がるラベンダーには日本離れした旅情がある。
このラベンダーが北海道観光に登場してきたのは昭和50年代。
それ以前、北海道を代表する花といえばスズランであり、
昭和の初めに起こった最初の北海道観光ブームの主役はこの花であった。
スズランからラベンダーへ——。
どうして主役は移り変わったのか。それは単に時代の流行り廃りなのか。
ラベンダーが象徴するもの、スズランがあらわすもの。
その移り変わりを通して北海道観光の歴史を探る。

写真1　初夏のラベンダー畑

北海道観光の転機となった昭和11年

戦後、北海道が国際社会に注目された代表的なイベントとして、昭和47年（1972年）の札幌オリンピックと平成20年（2008年）の北海道洞爺湖サミットが挙げられる。札幌オリンピックは北海道洞爺湖サミットの36年前だったが、さらにその36年前、昭和11年（1936年）にも北海道観光の大きな転機となるイベントがあったことはあまり知られていない。

そのイベントとは、陸軍特別大演習である。これは明治25年より国内各地で毎年行われていたものだが、大勢の見物人を集め、外国武官などの出席も多い、戦時下の一大イベントであった。

昭和11年は当時緊迫していた満州情勢を意識し、気候風土の似た北海道が初めて選ばれた。恵庭を中心に道央圏で旭川の第七師団と弘前の第八師団が演習を繰り広げた。これに合わせて、天皇陛下の55年ぶりの来道も決まり、見物客と将兵合わせて5万人もの人員が集まったという。

札幌観光協会の設立はその昭和11年であった。協会のホームページには、設立の経緯として同年に札幌近郊で行われた「陸軍特別大演習」のことが記されている。

天皇陛下の来道に加え、当時の国際情勢を反映した多数の外国武官の出席など来賓の訪問も多く、移動、宿泊、飲料などといった総合的な受け入れ体制の整備が求められたことが、札幌での体制づくり（＝観光協会の発足）に大きな影響を与えたと考えられる。札幌グランドホテルの開業もこの2年前で、大演習を契機に札幌では国内外の来賓を迎え入れる準備が一気に進んだ。こうして昭和11年は札幌の観光にとって節目の年となったのである。

北海道観光の象徴・スズランの登場

さて、世界恐慌を起因とする不況からの回復を目指していた当時の日本にとって、国策としての観光振興は重要な課題だったようだ。昭和4年には旧鐵道《てつどう》省によるガイドブック『日本案内記』シリーズの刊行が開始され、昭和9年には日本初の国立公園も指定された。上高地や川奈、雲仙など国内各地で国の融資による洋風リゾートホテルの整備が行われたのもこの時期だ。

このような時代背景の中、北海道も観光地として注目されつつあった。東京鐵道局では昭和12年、『北海道をどういふふうに見物したらよいか』という冊子（写

写真2　「北海道鐵道沿線案内」（北海道鐵道管理局・1918年）の表紙口絵

真3）を発行している。その中には、東京新宿の伊勢丹本店で開催された「観光の北海道展」の会場レイアウトも記載されており、その入口はスズランの花畑が客を迎える仕掛けとなっていた。

　また、冊子の冒頭には「沿線到る処、美しい森林は鈴蘭の野に続き、緩く流るる大河、高く聳《そび》ゆる山岳、湖沼に（中略）北海道の自然と人とは『観光の北海道』として多分の発展性を示して居ります」との記述もある。この例からもわかるように、当時、北海道のイメージは「スズラン」とともに語られることが定番化していた（写真2）。

　スズランの英名は「Lily of the valley」である。この言葉は、人を寄せつけない峡谷にひっそりと咲く花をイメージさせる。北海道の高地に自生し、ヨーロッパ北部や北米などでも広く愛されているこの花が、北海道のイメージとして定着するようになった理由を解く鍵は、明治時代までさかのぼる。

写真3　「北海道をどういふふうに見物したらよいか」（1937年・東京鐵道局・北海道立図書館所蔵）に記載された新宿伊勢丹の北海道展の会場レイアウト（上）とその入口部分の拡大（下）

表1　「日本案内記・北海道編」（鐵道省・1936年）の分野別写真点数

分野	写真点数	主な写真タイトル
自然の風景	43点	駒ヶ岳、神威岬、手稲山、空沼岳ヒュッテ、洞爺湖、襟裳岬、神居古潭、天人峡、北鎮岳、層雲峡大函、美幌峠、天都山の眺望、然別湖、広尾フンベ滝、日高幌別岳と戸蔦別岳、摩周湖、雌阿寒岳、利尻山など
産　業	28点	トラクターによる耕作、木材の搬出、身欠鰊（にしん）の乾燥、余市の鰊大漁、室蘭港石炭ローダー、王子製紙苫小牧工場、夕張炭山、鴻之舞金山、ビート畑、大楽毛馬市、稚内港など
寺社仏閣・名所旧蹟	10点	五稜郭、函館八幡宮、函館公園、福山公園（松前）、中島公園、豊平館、札幌神社など
温　泉	9点	湯ノ川根崎温泉、登別温泉、カルルス温泉、定山渓温泉、層雲峡温泉、温根湯温泉、阿寒湖畔温泉など
都　市	6点	小樽市、札幌市、旭川市、野付牛町、帯広市、釧路市
その他	5点	大倉山シャンツェなど

全写真点数＝101点

明治時代の日本のガイドブックをみると「見所」の多くは寺社仏閣で占められており、山岳や湖沼など自然資源的な観光対象を紹介している記事は極めて少ない。

文芸評論家の柄谷行人は、その著書『日本近代文学の起源』で、日本人が西欧起源の「風景」という概念を受容したのは明治20年代以降であったと述べている。当時ヨーロッパでは、18世紀以降のロマン主義的な価値観の浸透により「自然は美しいものである」という概念が広く定着しており、日本でも西洋的な価値観を取り入れた明治以降の近代化に伴い、こうした価値観が浸透していった。

地理学的な視点から日本の山岳や渓流の美を取り上げた志賀重昂の『日本風景論』の発行は明治27年で、当時のベストセラーとなった。また、自然主義文学の代表作として名高い東京近郊の風景を描いた国木田独歩の『武蔵野』は明治31年の発表であった。こうして、西洋のロマン主義に起源を持つ「自然は美しい」という価値観は徐々に当時の日本国民の間に広く受容され、ダイナミックな自然資源を豊富に持つ北海道の観光にも大きな影響を与えるようになる。

昭和9年には、大雪山と阿寒が国立公園に指定され、昭和11年に発行された旧鐵道省によるガイドブック『日本案内記・北海道編』では、北海道を紹介する写真として層雲峡や阿寒湖、洞爺湖など山岳や湖沼、渓谷の風景写真が多く使われた（表1）。

日本国民への「風景」概念の浸透は、手つかずの

写真4　「狸小路4丁目のスズラン灯」（昭和4年・札幌市公文書館所蔵）

写真5　すずらんの本州送り（丸井デパート内・昭和52年・札幌市公文書館所蔵）

雄大な自然景観を持つ北海道の観光の魅力を飛躍的に向上させた。そして、冒頭で紹介した東京の百貨店イベントの例のように、北国の大自然の中にひっそりと咲き、手つかずの自然をイメージさせるスズランは、北海道観光を象徴する存在として揺るぎない位置を獲得していったのである。

「北海道＝スズラン」のイメージは戦後も続いた。昭和45年に当時の国鉄が実施した「ディスカバージャパン」キャンペーンでは、道内の各駅で地域を象徴する図柄をあしらった記念のスタンプを作成しているが、その中でも帯広や函館をはじめ、道内多くの駅でスズランがモチーフに使われている。

また、北海道を題材とした歌謡曲を研究した『北海道の歌謡曲』（柳谷実智博著）によると、北海道を題材とした歌謡曲のテーマとして最も多く使われた花はスズランであり、戦前から戦後にかけてスズランがタイトルに含まれるご当地ソングは17曲に上った（2位はハマナスの13曲）。

しかし現在、本屋の店先に並ぶ北海道を紹介するガイドブックにスズランの姿はない。代わりに、丘陵を埋めるように咲き乱れる紫色のラベンダーのイメージが溢れている。スズランからラベンダーへ。北海道を象徴する花はいつの間に交代してしまったのか。

スズランからラベンダーへ

ラベンダーは、スズランとは違って北海道には自生していなかった。原産地はヨーロッパであり、道内では、戦前、香料の原料として札幌や岩内で試験的に栽培されたことにルーツを持つ。そして戦後、富良野周辺でほそぼそと生産が続けられていた。

冷涼な気候を好むこの花の存在が広く知られるようになったのは、昭和51年に国鉄のカレンダーに使用されたことが契機だと言われている。この後、一部メディアを中心に、ラベンダーが観光資源として徐々に認識されるようになる。

日本交通公社が発行していた雑誌『旅』の昭和52年7月号には、巻頭グラビアで富良野

写真6　ラベンダーを紹介するガイドブック
「最新COLOR TRAVEL北海道」（主婦と生活社・1977年）

や美瑛の農村景観が紹介され、うねる大地と麦畑、そしてラベンダー畑の写真が大々的に取り上げられた。同年発行のガイドブック『最新カラートラベル北海道』にもラベンダー畑の写真が紹介されている（写真6）。

そして、昭和56年にはテレビドラマシリーズ『北の国から』の放映が始まる。富良野を舞台に放映開始から20年間、8度にわたって放映された同ドラマのスペシャル版は常に高視聴率を記録し、富良野のラベンダーは一躍全国的な存在となっていった。

しかし、北海道＝ラベンダーというイメージがこれほどまでに国内に浸透したのは、大ヒットドラマによるイメージの流通だけに起因するのか。私は、明治時代における西欧の「風景」概念の受容と同様、ある時期に観光資源を捉える国民の価値観が大きく変化したことが大きな要因であったと考える。

そのキーワードが「アンノン族」である。

ラベンダーを愛したアンノン族

昭和45年に平凡社によって創刊された若い女性向けのファッション誌『アンアン』は、翌年創刊された集英社の『ノンノ』とともに、昭和47年頃から旅の特集に力を入れるようになった。そして昭和45年に開始された旧国鉄の「ディスカバージャパン」キャンペーンとの相乗効果もあり、全国に「アンノン族」ブームを起こしていった。アンノン族ブームとはどういったものだったのか。

アンノン族の目的地には大きな特色があった。地理学者の原田ひとみは、アンアンとノンノが取り上げた観光地を❶日本の伝統を訪ねる旅（京都、奈良、小京都、宿場町など）、❷自然とのふれあいを求める旅（北海道、信州の高原、南の島々など）、❸異国情緒を味わう旅（神戸、長崎、軽井沢、函館、横浜など）の3つに類型化している。

このうち「自然とのふれあいを求める旅」は、外国のイメージを重ね合わされて紹介されている（例えば「北欧を思わせる景色（北海道）」など）ことを指摘し、「異国情緒を味わう旅」とともに「外国、特にヨーロッパへの憧れが底流に根深くある」ことを指摘している。

アンノン族の中心は時代感覚に敏感な若い女性層であった。当時、高度成長の達成により物質的な欠乏感が解消された日本は、「いかにモノを手に入れるか」という段階から「いかにモノを選ぶか」という時代に入っていた。

例えば、テレビの普及率が向上するにつれて、国民は「テレビ」が欲しいのではなく、「ソニーのテレビ」が欲しいと思うようになっていく。このように、商品が使用価値だけではなく記号として消費される社会状況をフランスの思想家であるボードリヤールは、「消費社会」と呼んでいる。日本の消費社会化は、旅行という商品にも影響した。

当時の日本では、従来の観光地から差異化し、記号化された観光地（ブランドとなり得る観光地）の登場を時代が求めていた。こうした時代背景の中、アンノン族は、消費社会にふさわしい観光スタイルの先導者として、国内の幾多の観光地から瀟洒《しょうしゃ》さや豊かさをイメージさせる観光地を独自の視点で切り取り、それら観光地のブランドイメージを国内に浸透させていったのである。

そして、北海道の瀟洒さや豊かさを象徴する風景こそが函館や小樽のエキゾチックな街並みであり、ラベンダーが咲き誇る富良野や美瑛の丘陵だった（写真7）。

地域名に関する国内のブランド調査で、いまだに北海道の都市が上位を占めるのもこのことの影響が大きい。

このように、当時の日本は、国民の側において消費社会化による価値観の変化を受容する環境（モーレツからビューティフルへ！）が整えられており、そこに高視聴率のテレビドラマ「北の国から」の放映が重なることで、北海道＝ラベンダーというイメージが国民の幅広い層に急速に受容されていった。かくしてラベンダーは、瞬く間に、富良野・美瑛の美しい丘陵の風景とともに北海道の象徴となり得たのである。

そして、消費社会化により「従来の観光地」として差異化の対象となった雄大な自然の象徴であるスズランは、ラベンダーに押し出されるように徐々にその存在感を低下させていった。

現在、北海道のガイドブックやパンフレット（写真7）には、ラベンダーのイメージが定番化してい

写真7　ラベンダーを紹介する現代のガイドブック
左「るるぶ情報版北海道'12〜'13」、右「るるぶ情報版北海道'09〜'10」（JTBパブリッシング・2012年／2009年）

る。道内への観光客に対して北海道の風景イメージを調査した上田裕文らによる平成21年の調査によれば、「北海道らしい風景と結びつく特定の場所」というアンケートで、道外からの来訪者の34％が「富良野・美瑛」を挙げたことを指摘している。

それは海外でも同様であり、香港で2009年に発行された北海道のガイドブックには、ラベンダーが象徴的にデザインされている（写真8）。

写真8　香港で発行されたガイドブック
「下一站北海道・購物玩楽遊」（星島出版・2009年）

ラベンダー型とスズラン型の重層

アンノン族的な価値観の台頭によって人気が定着した函館、小樽、富良野・美瑛は、現在でも多くの観光客が来訪するエリアである。一方、明治時代以来のロマン主義的な視点から人気が上昇した阿寒や大雪、洞爺湖なども、現在でも一定の人気を維持している。この事実は、われわれの景観に対する意識が「変化」したのではなく「拡大」されたということを教えてくれる。

このことは、味覚と料理の関係に例えるとわかりやすいかもしれない。明治になるまで伝統的な和食しか知らなかった日本人の味覚は、文明開化によって洋食を、そして戦後の消費社会化によって本格的な西洋料理（あるいは本格的なアジア料理）の味を受け入れるようになった。しかし、現在においてもわれわれは「そば」を食べたくなるときもあれば、懐かしい「ナポリタン」の味を求めるときもあり、そしてときには「ボンゴレ・ビアンコ」にも魅力を感じる。

このように、時代とともに日本人の味覚は受容範囲を拡大させてきたが、それは、風景の楽しみ方についても同じ構造にある。「そば」が日本三景だとすれば、「ナポリタン」は阿寒や大雪であり、「ボンゴレ・ビアンコ」は富良野や小樽に相当すると言えよう。

広い北海道は、まだまだ大型バスによる周遊観光が盛んだ。道外から来た観光客は、富良野と小樽、阿寒や層雲峡を同時に楽しんでいるが、北海道の観光地の系譜をたどってみると、阿寒や層雲峡に代表される「スズラン型」観光地と、小樽や富良野のような「ラベンダー型」観光地の2つが層をなしている。

「花よりダンゴ」の時代へ

こうした日本人の観光の嗜好にも、近年徐々に変化が起きつつある。北海道を紹介するガイドブックにおいて風景の占める比率は大きく減少し、グルメ関連の記事が氾濫するようになってきた。スズランでもラベンダーでもない「花よりダンゴ」の時代が到来しつつあるのである。

評論家の東浩紀は、日本国民の精神史について、1970年ごろから続く「虚構の時代」を経て1995年以降から「動物の時代」に入ったと指摘している。「動物」という概念は、人間が「欲望」(他人によって欲望されたいことを含めた欲望)ではなく「欲求」(特定の対象との関係のみで満たされる単純な渇望であり、直接的な快楽)を追求するようになってきたことを意味している。

東が指摘するように、観光においても直接的な快楽(=欲求)を追求する傾向が高まっており、そのことがグルメへの関心の増大として顕在化していると言えよう。

このことは、今後の北海道の観光振興を考える上でも重要な意味を持つ。「美しさ」よりも「気持ち良さ」へ。視覚優位の時代から味覚や触覚なども含めた総合的な感覚の時代へ。現在、消費社会的な価値観が緩やかに溶解していく一方で、「快楽」

写真9　北海道の食を特集するガイドブック
左「るるぶ情報版北海道'12〜'13」、中「るるぶ情報版北海道'08〜'09」、右「るるぶ情報版北海道'09〜'10」(JTBパブリッシング・2012年／2008年／2009年)

が重要性を増している。

今後北海道の観光の魅力を維持していくためには、競合する国内の観光地に対して比較優位性を持つ「グルメ」を軸としながら、「温泉」や「スポーツ」など視覚では得られない「気持ち良い」観光地のイメージを前面に押し出していくことが必要になるであろう。国内観光客の沖縄人気も、気持ち良さ、心地良さを追求したいという価値観へのシフトが影響しているのかもしれない。

北海道観光がたどってきた足跡の観察は、海外観光客の誘致戦略にも活かすことが可能だ。

高度成長をもたらす近代化への欲望はロマン主義的な自然を志向し、消費社会期の欲望は記号化されたブランド観光地を目指した。そしてポストモダン化が進んだ現在、（欲望ではない）欲求の追求がグルメへの関心となって顕在化している。

現在、阿寒や知床は高度成長期にある中国からの観光客に人気だし、消費社会化が進んだ韓国からの観光客は小樽がお気に入りだ。そして既に所得では日本を追い抜いた香港人やシンガポーリアンは北海道のグルメを楽しんでいる。経済の成長ステージによって好みの観光資源が変化すると考えた場合、こうした国別の嗜好の違いも説明が可能になる。

スズランからラベンダーへ。花よりダンゴへ。北海道観光の未来の扉を開く鍵は、歴史の中に隠されているのかもしれない。

［主要参考文献］ 札幌観光協会ホームページ（http://www.sta.or.jp/index.html）、「北海道をどういふふうに見物したらいいか」（東京鐵道局・１９３７年）、「日本近代文学の起源」（柄谷行人／講談社文芸文庫・１９８８年）、「日本案内記・北海道編」（鉄道省／博文館・１９３６年）、「北海道の歌謡曲」（柳谷実智博・旭川叢書・１９８２年）、「アンアン・ノンノの旅情報—マスメディアによるイメージ操作—」（原田ひとみ／地理29—12・古今書院・１９８４年）、「消費社会の神話と構造」（ジャン・ボードリヤール・今村仁司・塚原史訳／紀伊國屋書店・１９９５年）、「北海道の景観資源整備にむけた風景イメージの研究」（上田裕文・吉田恵介／第24回日本観光研究学会全国大会学術論文集・２００９年）、「動物化するポストモダン——オタクから見た日本社会」（東浩紀／講談社現代新書・２００１年）、「美瑛の風景をめぐる『まなざし』の変化」（小長谷悠紀・安島博幸／観光研究16—2・２００５年）

【エンジニアの欄外メモ】

スズランとラベンダーを楽しむ　～開花時期とイベント～

▼スズラン

・北海道のスズランの見頃は、道央エリアでは例年5月下旬から6月中旬にかけての時期。

・野生のスズランの群生地として有名な平取町芽生(めむ)では、この時期15ヘクタールにも及ぶスズラン群生地が一般公開され、6月上旬の休日には「すずらん観賞会」も開催されている。

・また、公園名にも「スズラン」が入っている札幌市の「国営滝野すずらん丘陵公園」でも5月中旬ごろからスズランが咲き始める。

▼ラベンダー

・富良野のラベンダーは、7月中旬から下旬が見頃。

・ファーム富田で有名な中富良野町のラベンダー祭りは、これまで7月の第3土曜日だったが、海の日を含む3連休で混雑が激しかったことから、近年では7月1日から1カ月間の分散開催となった。

Ⅲ－3 地域に知恵と勇気を

——どさんこ商品研究所と地域商品マーケティング

ドーコン叢書編集部

札幌駅前通に面した
札幌ノースプラザビルの地下1階に、
「どさんこ商品研究所」があるのをご存知だろうか。
これはドーコンが、創業50年を契機に立ち上げた
地域商品のマーケティングと
その戦略を担う新規事業である。
大地に道路を通し、河川を制御する
社会資本整備を通して培ってきた計画、調査のノウハウ、
それを地域商品の開発、マーケティングに活かして
育ててもらった北海道に恩返ししたい、
そうした想いから始まった。
地域の想いと情熱に、情報とノウハウを、
地域のものづくり、ことづくりに、知恵と飛び立つ勇気を。
どさんこ商品研究所の挑戦を追った。

写真1　どさんこ商品研究所が運営する札幌駅前通地下歩行空間「つながるショップ」での「ベーカリーショップ・ななかまど」(白老町)の出展

別海のショートチーズ

道東、別海町発のチーズ菓子が静かな人気を呼んでいる。

シンプルに「ショートチーズ」と名づけられたそれは、地元の牛乳を原料にしたチーズのみを焼き上げたものだ。5センチほどのスティックで、口に含むとサクサクとした食感が続いた後に、濃厚なチーズの味が広がっていく。なによりもパッケージがおしゃれで、事前に教えてもらわなければ、これを地域特産品のパッケージと思う者は少ないだろう。

販売開始は平成24年9月。おしゃれなデザインと独特の食感から、新千歳空港で土産店を展開する事業者の目に止まり、同空港での販売やWEBでの販売が始まった。商品の評判は高くすぐに釧路空港、中標津空港の土産店にも置かれることになった。

この「ショートチーズ」は、北海道根室振興局が〝マーケティング〟に精通した機関と連携した商品開発の実践を通じて、根室地域の食産業モデル構築の促進を目的に実施した「根室地域食クラスター推進事業」から生まれたものである。公募型プロポーザルを経て、この業務を受託したのが(株)ドーコンの総合計画部であり、どさんこ商品研究所もこれに参加した。

一方「ショートチーズ」を製造販売しているのは別海町の温泉宿泊施設・べっかい郊楽

写真2　(株)郊楽苑「ショートチーズ」(別海町)

苑。ここを運営する(株)郊楽苑の社長藤代幹良さんは、ドーコンと連携して特産品開発を実施する地元グループの中心人物である。

「別海は酪農の里ですから乳製品を使ったもの、特にチーズを使った特産品が作れないかと、ずっと考えていました」と藤代さんは「ショートチーズ」開発の発端を語る。試行錯誤の結果、「ショートチーズ」の試作品が完成し、平成24年2月14日に札幌グランドホテルで開かれた「2012食クラ・フェスタ」に出品されて好評を博した。

この事業におけるドーコンと根室振興局との契約はこの年の年度末までである。「ショートチーズ」のような別海らしい食を生み出す成果を挙げ、地域の食産業モデル形成に関わる提言書を提出して契約は満了。ドーコンと地域との関わりもこれで終わるかと思われた。しかし、思わぬ展開が藤代さんを喜ばせた。

「どさんこ商品研究所さんは〝根室振興局の事業は終わりましたが、これを商品化しませんか。パッケージを手伝わせてください〟と言うのですよ。これまでの事業を通して、研究所さんの姿を見ていましたから願ってもないことでした」

これまでの50年、これからの50年

どさんこ商品研究所は、平成22年に創業50年を迎えたドーコンが新規事業を模索する過程で生まれた。戦後の北海道開発とともに成長してきたが、創業50年後、北海道開発は大きな曲がり角を迎えていた。そうした中で50周年を契機に会社のあり方を考える社内議論が盛んに行われる。それらを経て具体化された新規事業が、コミュニティサイクル・ポロクルの事業と、この研究所の事業であった。

新規事業開発室長（肩書は取材時・以下同）でどさんこ商品研究所の伊藤龍秀は言う。

「私たちは50年間、北海道という地域に育てられてきました。今後の50年は私たちが地域にお返しする番です。経済の縮小、少子高齢化が進む今、北海道を元気にするのはやはり地域経済の活性化です。企業誘致や公共事業のみに頼らず地域を活性化するには、地域のモノ・サービスが売れる仕組みを作らなければならないと思いました。

地域のモノ・サービスが売れることで、雇用が生まれ、地域経済が活性化します。そして北海道には良いモノ・サービスがたくさんあります。それなのに売れていないのは、マーケティングに問題があると考えました。一方、私たちにはコンサルタントとしてこれまで培ってきた調査能力、分析能力があります。これを地域商品のマーケティングに活用して

写真3　グループインタビュールーム
マジックミラー越しに消費者の反応を確認できる北海道では数少ない施設

もらうことで北海道のモノ・サービスが売れる仕組みを作れるのではないかと考えたのです」

　マーケティングは、商品を提供しようとするときに市場での顧客ニーズを探り、顧客の求めているものを、求めているかたちで提供する行為だが、マーケティングという名前こそ使われてはいないものの、社会資本整備においても、それが地域でどれほど必要とされているかという調査が行われている。道路であれば将来交通需要調査などだ。社会資本整備は、地域に大きな影響を与えるだけに、その〝マーケティング〟は長い時間を掛けて綿密に行われる。

創業以来、社会資本整備に携わってきたドーコンには、こうした社会資本整備のマーケティングを担当する調査計画部門があり、そこには高度な分析技術、豊富な調査経験、高い計画能力が蓄積されていた。これを地域の物産開発、観光開発などの地域商品・サービスのマーケティングに活かすことで北海道に貢献しようというのが、どさんこ商品研究所のコンセプトであった。

事実、平成21年11月に社内に発足した新規事業開発室に集まったメンバーは調査計画部門のエキスパートたち。北海道の地域商品開発を支援する研究所というコンセプトも、彼らが北海道の置かれた現状、地域経済の実情を分析した結論であったのだ。

平成21年11月、新規事業開発室の発足から集中的に議論を積み重ね、どさんこ商品研究所が誕生した。室長の伊藤をトップに2名の専従スタッフ、翌年さらに4名が配置された。研究所のキャッチフレーズは「売れるためのお手伝い」「そうだ、マーケットに聴こう」というもの。サブキャッチには「これまで培ってきた地域開発のノウハウと良質なネットワーク。その総力を挙げて『売れる！』に向かってフルサポートします」とあった。札幌駅前通に面した札幌ノースプラザに事務所を構え、北海道では珍しいマジックミラー越しに消費者の生の反応を確かめられるモニタールームも備えた。

開設メンバーの一人、どさんこ商品研究所所長の村山秀敏は交通や観光問題を中心とした〝社会資本マーケティング〟のエキスパートである。研究所担当前は、外国人観光客、特に中国や韓国などアジアから北海道への旅行者が増えてきたことに対応して外国人観光客の道内の観光行動などを調査していた。

「研究所ができたということで、まずパンフレットを持って関係のある役場などにあいさつに行きました。それから道内の企業が参加する見本市があるということで、飛び込みセールスに行ったんです。パンフレットを見せ、名刺を配っても、研究所の名前はもちろん知られておりません。その後も機会を捕まえてはイベント会場や役場・商工会などを回りましたが、これまでと環境が大きく異なり戸惑いましたね」

始まりは信頼から

創設期に研究所が取り組んだのは、地域商品を支援するフォローアップ事業であった。冒頭に紹介した「ショートチーズ」もそうしたフォローアップ事業の一つであった。「ショートチーズ」を開発した郊楽苑の藤代さんは研究所とのコラボレーションをこう言う。

「『ショートチーズ』は、研究所さんがいなければできなかった。地方で圧倒的に不足しているのが情報です。地方でもたまに都会のコンサルタントや広告代理店などを利用する

写真4　こだわりショップ
どさんこ商品研究所の研究員が全道から集めた地域商品が並ぶ

場合がありますが、そうしたところでは素の情報をぽんと投げてきて〝Aか、Bか、選べ〟ということが多い。ところが、研究所さんは豊富に情報を持っているほか、私たちが情報を選びやすいように仕分けしてくれるのです。それがほかと決定的に違うところでした。そしてざっくばらん。不利なことでも隠すことなく提示してくれる。こうした懐の大きさはやはり大規模な公共事業の調査・設計をやってきた経験なのかなと思いました」

一方、研究所で「ショートチーズ」を担当したのは、主任研究員の浦島一哉であった。

「行政の業務は年度予算に基づいて

おり、発注される業務は公示されますが、民間にはそのようなことがないため、仕事があるのか、ないのか、そこから分からない。また仕事があるとわかった場合でも、すでに業者が決まっていれば、企画提案の機会をもらえるかどうかもわからない。あっても萎んでしまうこともあれば、大きく膨らむこともある。公示後、一定の要件を満たせば、企画提案・入札に参加できる行政の業務との大きな違いは、その部分だと感じました。

唯一言えるのは民間では信頼が無ければ情報も入ってこないし、仕事もこないということです。仕事の基礎に信頼関係が求められるのは行政も同じですが、民間ではより色濃くそのことを感じました」

さて研究所の申し入れを受けて藤代さんが「ショートチーズ」の商品化を決断した時、浦島はデザインを通して商品コンセプトを提示した。札幌で活躍する気鋭の実力派デザイナーを起用し、これまでの地域商品の概念を覆すパッケージデザインを提案した。「ショートチーズ」のパッケージにあったのはShort Cheeseという控えめな商品名と箔押しされた牛の小さなシルエットだけであった。

浦島は、食クラ・フェスタなどで流通業者の仕入れ担当者であるバイヤーなどの反応を郊楽苑から聴いた上で、贈答品としても活用してもらえるような高級感を持たせ、別海・道東の地域商品にとどまらず、将来的に道内外の百貨店などでの常設販売を視野に入れたパッケージを提案した。初めは戸惑ったという藤代さんだが、同社の女性担当者による次の発言のような強い支持もあり、採用を決めた。

「たしかに、一目見て何の商品なのかわからない、という声を聞きます。でも、それは男性の意見です。〝わからない〟ところで想像が膨らむんです。都市と地方との一番の違いがデザインに対する感覚です。私たちでも都市のデザイナーに発注することはできますが、デザイナーを動かせる力のある人が間に入らないと、私たちの思いを正しく伝えることは難しいのです」

地域の逸品を札幌へ

平成23年、2年目を迎えた研究所の転機となったのが、札幌駅前通地下歩行空間の開通に合わせたアンテナショップ「こだわりショップ」の開店だった。

「マーケティングリサーチの業界では最後発の私たちがほかとの差別化を図るには、実店舗を持つことが必要という思いがありました」と副所長の菊田淳は言う。

「委託販売にして生産者に在庫管理などの苦労を掛けるのは私たちの本旨に反します。買い取りですから、何としてでも売らなければなりません。売るために知恵を絞ったこと、

写真5　(株)高岡「豊浦特産いちご100%ストロベリーシャーベット」(豊浦町)

売れるモノと売りたいモノのバランス、仕入れと売価のバランスなど、売る側になって初めて気づくことは多かったですね」

　菊田が惚れ込み、ショップに置いてもらうよう願った商品の一つに「豊浦特産いちご100%ストロベリーシャーベット」がある。豊浦町のメーカーが自家栽培のイチゴをスライスして凍らせたシャーベットで、イチゴの美味しさをまるごと楽しむことができるとして、地元の道の駅などで人気であった。この年、札幌に初めて登場し、こだわりショップでも大ヒット商品となった。

　「地域商品を〝売る〟という目標を共有することで私たちへの信頼が高まりま

した。民間企業の場合、立っているステージはそれぞれで決して一通りではありません。そこに高所からマーケティングと言っても響かない。でも民間では、人と人との信頼を築ければ、いろんな可能性が広がることも見えてきました」

公共事業の世界と地域商品づくりに関わる民間事業者、研究所の活動は結果として、〝信頼〟という言葉を結び目としてこの二つの世界に橋を架けようとしている。

地下歩行空間の可能性

ＪＲ札幌駅と地下鉄大通駅を結ぶ札幌駅前通地下歩行空間は、単なる地下通路ではなく、またショッピングモールでもない、多彩な使い方ができる〝広場〟として注目を集めている。

地下歩行空間が開通すると、研究所のある北1条西4丁目地下接続口横のスペースを地下歩行空間の運営管理者である札幌駅前通まちづくり(株)から借りて、地域が行う地元商品のＰＲ販売を支援する活動を始めた。

これに最初に興味を示したのが、弟子屈町であった。平成23年4月1日から3日間、弟子屈町のＪＡ摩周湖と摩周湖観光協会は、地下歩行空間に弟子屈町の地域商品を並べたワゴンを置き、弟子屈フェアを開催したのである。

弟子屈町は釧路管内にある人口8000人ほどの農業と観光の町で、屈斜路湖、川湯温泉、摩周湖という北海道を代表する観光地を抱え、年間の入り込み客は100万人に達する。こうした条件にも恵まれ、土産品を中心に物産展開が盛んだ。このフェアを企画した弟子屈町役場の館田康さんは狙いをこう語る。

「デパートの物産展などのイベントに出展する機会はあるのですが、そうした場所では売れて当たり前です。札幌という都会で、イベントではない平場に私たちの商品を出してみて、どう消費者に受け止められるか見る機会がなかったので、話を伺った

写真6　弟子屈フェア（於：札幌駅前通地下歩行空間）

ときに私たちの本当の実力を知る絶好の機会だと思いました」

弟子屈町の商工業は、年間100万人という観光客に支えられ、外に出なくても町内の商活動だけでも一定の安定感がある。そのため、外部に自社商品を出すとき、客観的に自分の商品を評価する段になると、どうしてもバイヤーの評価に左右されてしまう。こうした歯がゆさが、今回の出展の背景にあったという。

「イベントなどではあまり意識したことはありませんでしたが、こうしてあらためて見てみると、うちの物産はパッケージにしろ、ネーミングにしろ、都会の中でインパクトを与えるには、まだ改良の余地があることがわかりました」

日常業務に追われ、なかなか外に出る機会のない地元業者に代わり、こうした取り組みを継続し、地域に還元したいと館田さんは言う。

弟子屈町と同様に、北海道第2の都市・旭川市も札幌市民へのピーアールの場として地下歩行空間の可能性に着目した。

「東日本大震災によって旭川の観光も大きな痛手を受けました。調べてみると大きく落ち込んだ道外客に対して、道内客はそれほど影響を受けていない。そこで道内客に対してアピールする場として、地下歩行空間を利用させてもらったのです」

こう語るのは、平成23年8月3日から3日間、地下歩行空間で、旭川市の観光協会、物産協会、シティホテル懇話会が合同して旭川の観光と物産を紹介する「ちょい旅・旭川！おもてなしキャンペーン」を開催した旭川市経済観光部観光課の上田征樹さんだ。

「こうした出展は、東京や大阪などでは何度か経験がありますが、札幌では初めてでした。ビジネスマンだけでなく、家族連れも多く、大変な人の流れがあるという印象でした。これだけの賑わいのあるところで天候に左右されずにキャンペーンを行えるというのは魅力的です。旭川のゆるキャラ『あさっぴー』も人気で、成果を実感できたことから、今後も継続していこうと考えています」

こうした実績が評価され、研究所は地下歩行空間の一部の運営を任されることになった。研究所では平成25年2月から「つながるショップ」というネーミングを与えられたこの場所を積極的に打ち出すことにした。

全国に波及した復興支援

旭川市の出展は、大震災後の急激な観光客の落ち込みという緊急事態を受けたもので、この時のように物産協会と旭川シティホテル懇話会、旭川市観光課が合同して出展を行うことは、これまであまり例がなかったという。その糸口をつくったのが旭川物産協会と旭

写真7　東北・関東・旭川合同物産展（於：札幌駅前通地下歩行空間）

川市の担当者であった。

平成23年3月11日の東日本大震災から間もなく、札幌で開かれた道内物産協会の集まりに出席した旭川物産協会の豊島保夫専務は会議の帰りに、こだわりショップが開店したばかりの研究所にふらっと顔を出した。

「物産協会の集まりでは、物産展などでお世話になった東北の百貨店や物産協会の仲間を支援したいという話になったのですが、いいアイディアが浮かばず、検討事項となったところでした。研究所でその話になったとき、研究所の方から『復興の第一歩は生産の回復です。私たちがここで売りますから、東北のお仲間に声を掛けてはいかがでしょうか。売る量は限られていますが、それが呼び水になれば――』と持ちかけられたのです。

私たちは売る側ですから、そもそも〝買う〟という発想がなかったのです。目から鱗が落ちる思いがしました。戻ってすぐに東北の百貨店の知り合いに電話をかけたのですが、向こうは大変で対応できないという。それでも県の担当部局を通して業者を紹介してもらったのです。早速電話を入れると、大変喜んでもらえました」

震災の1カ月後の4月27日、旭川シティホテル懇話会主催の東北・関東・旭川合同物産展が旭川と札幌駅前通地下歩行空間で開催されることになった。その後、「呼び水になればよい」との思いのまま、被災地の物産購入による支援は全国に波及し、復興支援の大きなうねりとなったのである。

「今日の売上、明日の物産展……。バイヤーにしろ、メーカーにしろ、物産関係者は狭い範囲しか見ていません。それだけに情報の広がりにも限界がありました。ところが、同じ物産を扱うにしても、どさんこ商品研究所さんは、北海道全体のためという大きな視点から見ている。豊富に情報を持ち、発想がとてもグローバルで豊かです。公共事業に携わる方々とは、これまでそれほどご縁がありませんでしたが、こういうものかと思いました」

地域の物産開発と大規模社会資本整備、それまで重なることの少なかった両者は、研究所を通して〝地域の未来のために〟という思いで結ばれた。豊島さんは次のように研究所への思いを語る。

「ドーコンさんは北海道を知っている。全道にネットワークをお持ちになっている。そこで、地域と地域をドーコンさんのネットワークでつないでいってもらいたい。研究所の皆さんには、そうしたジョイント役をぜひ担ってもらいたい。その上で、地域と研究所で共同開発、一つの商品を双方で展開するダブルブランドなどができたら素晴らしいと思います」

小さく叩けば小さく鳴る。大きく叩けば大きく鳴る

発足から3年が過ぎ、どさんこ商品研究所に関心を寄せる自治体関係者、行政関係者も増えてきた。釧路市の小松正明副市長（取材時）もそうした一人で、旭川物産協会の豊島さんと異口同音の期待を語った。

「マーケティングの世界は独自の世界で、地域と都会から来たマーケティング会社とのミスマッチも多い。地域のファンになり、事業が終わっても手弁当で応援を続けるところもあれば、事業が終われば後は地域任せというところもあります。優秀なプランナーであっても、地域との関係性の積み上げがなければ、突然素晴らしいアイディアなど沸いてこな

写真8　東アジアの食品バイヤーとの北海道産食品についての意見交換

いのです。研究所の取り組みを通じ、物産観光を含めて〝地域の分かる人材〟がドーコンさんに育つことが最大の強みになるでしょうし、それが東京の業者との大きな違いになると思います。

そして研究所に期待するのは、地域を超えたマッチングです。どうしても行政の取り組みは行政の地域区分に縛られがちです。ですから、一段高いところから全体を俯瞰し、地域区分を越えた広域のマッチング、ときには海外ともマッチングする働きを望んでいます。

坂本龍馬が西郷隆盛を評して〝小さく叩けば小さく鳴る。大きく叩けば大きく鳴る〟と言ったそうですが、研究所もまさにそうです。むしろ私たち地域がいかにあの場所を活用できるか。ドアを開けると大洋が広がっているかもしれない。地域の〝どこでもドア〟であって欲しいと期待します」

『地域の力が日本を変える—コミュニティ再生と地域内循環型経済へ—』という著書を持つ北海道運輸局企画観光部長（取材時）の井上健二さんも、研究所に期待を寄せる一人だ。井上さんは、東京財団出向中に「新しい地域再生政策研究プロジェクト」のリーダーとして、日本各地の地域再生の現場に赴き、地域のリーダー、自治体職員などから思いを聞いて歩いた経験を踏まえ、こう述べた。

「例えば、伊勢名物と言えば『赤福餅』が有名ですが、その主要原料である小豆はすべて、餅米も大部分は北海道産です。それだけ優れた素材があるのに、これらの素材を使った赤福餅に匹敵する北海道土産があるかというと、残念ながらありません。このように、北海道経済の課題は、素材提供型産業形態からの脱却です。都道府県別でみた北海道の食品工業の付加価値率は全国平均を大きく下回り最下位に近い状況です。素材提供型から高付加価値型に転換していかなければ、地域に落ちるお金は少ないままで、地域経済は活性化しませんし、雇用も生まれません。

一方で、北海道は観光先進地です。美しく雄大な自然に憧れて、毎年、国内外を問わず多くの観光客が北海道を訪れています。観光と上手に結びつけることで、付加価値を高めていくことが近道です。特に、観光と親和性の高いのが〝食〟です。北海道産というだけで、観光で訪れた北海道の美しい風景を思い浮かべ、『大自然で育った』、『新鮮な』というイメージを消費者に与えます。観光事業者と連携して地産地消を進めるとともに、このイメージを上手に生かし、素材としてではなく、加工を施し、地域ならではの『物語性』などの付加価値もつけて、お土産として、あるいは、道外へ加工品として出していくことが重要です。

地域の商品開発の現場では、『新しい商品を作る』こと自体に目が行きすぎて、商品の味はもとより、パッケージやデザインの『地域らしさ』や価格設定などを含め、お客様のニーズに合っているかどうか、買いたいと思ってもらえるものかどうか、といったことを考えるマーケティングの部分がすっぽりと抜け落ちていることが多いのです。

こうした点に、道内各地の隠れた名品を扱うアンテナショップとしての役割とともに、マーケティング機能を持っている研究所への大きな期待があります。

特に、地域産品の最も大きな付加価値は、商品開発に関わる地域の方々の想いとその地域ならではの『物語性』です。それらを引き出し、マーケティングの結果も加味しながら商品化できるのは、地域に根付いた組織と人でなければできないと思います」

未来の代理店

平成25年3月22日から旭川物産協会は、日本一の規模と言われる大阪梅田の阪急地下街で「北海道あさひかわ物産館・うめだ出張所」という物産展を開催した。これは4月25日まで35日間に及ぶ長期イベントで、期間中約1万人もの購買客があり、総売上は2000万円に達した。

これは、札幌に出張していた阪急百貨店の担当者が、札幌駅前通地下歩行空間で先述の物産展を偶然見たことから実現したものだという。旭川のゆるキャラ・あさっぴーを前面に出して大阪市民にアピールし、旭川の地酒や地元米・ゆめぴりかなど、地域色の強い商品が多く売れた。

観光パンフレットを手に取る人も多く「一日20万人が通行する場所で、これだけ長期間旭川をアピールすることができ、観光と物産に大きなアピール効果がありました」と旭川物産協会の豊島さんは手応えを話した。

梅田地下街での旭川フェアと入れ替わるように、平成25年4月24日から30日にかけて阪急百貨店本館では「初夏の北海道物産大会」が開催された。この中の北海道のチーズとワインというコーナーの一角で、〝バイヤーの一押し〟」としてして別海町の「ショートチー

写真9　北海道あさひかわ物産館・うめだ出張所

ズ」が販売され、たちまち1000箱が売れた。先述の食クラ・フェスタに参加した阪急百貨店のバイヤーが「ショートチーズ」に一目惚れし、この出展となったものだ。

このように評判が評判を呼び、「ショートチーズ」は平成25年になって販路を全国に拡大している。道内外の大手百貨店などでの常設販売や北海道物産展への出展が決まり、大手航空会社の機内販売などについても商談が進んでいる。

「『ショートチーズ』はチーズ特有のにおいがなく、軽く、扱いやすいというのです。ギフト用にしたいと注文をくれたデパートから〝プレミアをつけたいから値段を上げてくれ〟と言われました。今は、チーズの種類などを研究して新しい商品を開発中です」と郊楽苑の藤代社長は言う。

小さく叩けば小さく鳴る。大きく叩けば大きく鳴る。そう評されたどさんこ商品研究所、その響きは着実に大きくなっている。地下歩行空間にある研究所への来客も確実に増えてきている。市町村の行政関係者、商工会や観光協会、メーカーなど地域の方々から、日に2~3件の相談があるという。それはとりもなおさず、地域から研究所に寄せられる期待の現れに他ならない。

さらに、自治体・生産者といったクライアントとの関係を密にするためのWEBでの販売システムの構築といった新たな計画も実行済である。より一層の協働関係の構築とその

写真10　生産者との打ち合わせ風景

結果もたらされる密接なつながりを強固にし、どさんこ商品研究所の存在を印象付けたい。そのための一つの手段としてのWEB販売の実施であり、また新たなステップを踏み出そうとしているのである。

一つひとつの相談は、道路や橋梁などの社会資本整備の事業費と比較するとはるかに小規模な案件なのかもしれない。しかし、研究所にまで足を運んで情報を求めようとする熱意ある人たちが、まさに今日の地域を支えており、地域の明日を担う。

社会資本が地域共有の財産であるならば、これらが地域の人々に活用され、また生かされなければ財産としての意味を失いかねない。

社会資本の整備に当たるエンジニアは地質時代までさかのぼってその土地の履歴を調べ上げるというが、研究所の取り組みは、その履歴をさらに未来へと繋げていくもの、そして地域の共有財産の担い手を支えるものであろう。

「ショートチーズ」を開発した郊楽苑の社長藤代幹良さんは、地域の未来を形にする研究所の活動を評してこう言った。

「どさんこ商品研究所さんは、未来の代理店です――」

あとがき

「技術力」とは何だろうか。

広辞苑によれば、技術とは「科学を実地に応用して自然の事物を改変・加工し、人間生活に利用するわざ」である。だが、何でも自分の流儀で定義する私の師匠は、これをエンジニアの行動規範として言い換えた。曰く「技術力とは、何が起こるかを予測する力、起こるであろうことに対し計画を立てる力、予測を超えることが起きた時に臨機応変に対応する力の総和である」。

技術そのものは物体ではなく人に宿るものなので、この定義は大変わかりやすい。そして技術力は、問題を解決するに足る膨大な科学技術情報を知識として保有し、それをリアルタイムで応用できるエンジニアの存在によってはじめて発揮されるのである。

次に「技術の伝承」について考えたい。

獲得した技術を維持し、保有し続けることは組織の生命線である。技術は属人的なものだから、技術の空洞化を避けるためには熟練者から次世代のエンジニアへ教え、経験させるしくみが必要だと考えられている。だが、果たしてそうだろうか。

技術の伝承というと、よく式年遷宮《しきねんせんぐう》が引き合いに出される。例えば伊勢神宮は二十年ごとに社殿を造り替え、御装束や神宝を新調して御神体を新宮へ遷すのだが、二十年という期間は関係者の実働年数を考慮したもので、遷宮を二回経験しながら技を伝承できるように定められたらしい。ただしここで伝承されるのは「技能」、つまり宮大工や鍛冶、工芸などの技に関する能力であり、技能者自身にしか備わらないもの、経験を通して人から人に受け継がれるものであるため、伝承の必要性は十分に理解できる。

一方、技術は技能と違って客観的に表現し記録できる。例えば橋梁や建築物の設計法は手順や配慮事項に関する記述、数式、図表などが適切であれば、経験者が介在しなくても人に伝達できる。いや、そういう教科書がなくても、後輩は先輩の設計成果をつぶさに見て納得するまで勉強すれば、確実にその技術をマスターできるだろう。要するに、技術の空洞化を避けるには、対象者に習得しようという強い意思を持たせる工夫が必要なのだ。そうでなければ、いくら先輩がＡ ｔｏ Ｚをお膳立てしても対象者は育たない。

技術は伝承されるものではなく、対象者が必死に勉強して掴み取るものなのである。

しかし、先輩が全力を尽くして後輩や社会に伝承するべきものがひとつだけある。

それは「技術者魂（エンジニア・スピリッツ）」である。エンジニアの拠るべき本分、矜持《きょうじ》であり、哲学的支柱ともいえる。これが自らの社会的使命感を揺るぎないものとし、技術的信念を強固にし、新しい技術的挑戦の原動力になるのだ。

その正体は筆舌には尽くし難く、先輩の立ち居振る舞いや言動に触れて伝わるものである。昔話や叱咤激励のなかに修養の意図が含まれていることもあるだろう。そして、実は本書のようなエンジニアの活動記録からも、それを見出すことができる。

第3集には「北海道の未来を支える新たな挑戦」を9編掲載した。オフの日々を環境ボランティア活動に費やし、危険を冒して厳冬期の河川を歩き、土地の履歴をひもとこうと休日探偵に勤しむのはなぜか。観光を象徴する花、地域商品マーケティングなど、誰も考えていないことに挑むのはなぜか。第1集・第2集を含め全34編の活動は、すべて著者自身の技術感覚を研ぎ澄ますための活動には違いないが、それぞれの「こだわり」や「願い」のなかにエンジニア・スピリッツが存在することを確かめていただきたい。

最後に、第1集、第2集に続きこの企画を引き受けてくださった共同文化社と、編集者の森浩義氏に深く感謝を申し上げたい。

（ドーコン叢書編集委員長　畑山　義人）

執筆者プロフィール

株式会社ドーコン

札幌市厚別区厚別中央一条五丁目四番一号

www.docon.jp

椛澤 勝則（かばさわ かつのり）

取締役常務執行役員 交通事業本部長
北海道新幹線室 担当
技術委員会委員長

山下 茂明（やました しげあき）

水工事業本部 河川環境部 グループ長
北海道工業大学非常勤講師
《支笏湖の〝なぞ〟に挑む
——道内初・外来魚ブラウントラウトの自然繁殖確認の軌跡》

川島 由載（かわしま よしのり）

交通事業本部 防災保全部 グループ長
《吹雪とたたかう防災科学》

福原 賢二（ふくはら けんじ）

都市・地域事業本部 都市環境部 次長
《未来の大人とかつての子どものパークボランティア》

櫻井 善文（さくらい よしふみ）

環境事業本部 環境保全部 主幹
生物多様性推進チーム 総括リーダー
《里山から考える生物多様性》

堀岡 和晃（ほりおか　かずあき）
水工事業本部　河川環境部　技術参与
北海道工業大学非常勤講師
《川のお医者さん奮闘記
——川の緑と砂にまつわる話》

中村 裕（なかむら　ひろし）
環境事業本部　環境保全部　主任技師
生物多様性推進チーム
《北海道で生まれた
「木育」と「木育マイスター」》

朝倉 俊一（あさくら　しゅんいち）
都市・地域事業本部　総合計画部　副主幹
《スズランとラベンダー
——北海道観光を象徴する花の交代》

畑山 義人（はたやま　よしひと）
交通事業本部　上席技師長
東京工業大学非常勤講師
ドーコン叢書編集委員長
《ピョウタンの滝
——土地の履歴をひもとく旅》

DOSANKO PRODUCTS RESEARCH OFFICE
商品研究所

お気軽に
お立ち寄りください。

[メンバー]
前列左から **伊藤 龍秀、村山 秀敏**
後列左から **中村 幸雄、菊田 淳、浦島 一哉**

《地域に知恵と勇気を
—— どさんこ商品研究所と地域商品マーケティング》
ドーコン叢書編集部が関係者に取材して執筆しました。

●**研究所所在地**
札幌ノースプラザ地下1階
（札幌市中央区北1条西4丁目2−2）

http://dosanko.docon.jp

株式会社ドーコン

北海道を中心に日本国内の道路、橋梁、河川、防災、農業、環境、地質、都市・地域開発、建築などの「社会資本整備」において、企画・調査・計画・設計・施工管理等の技術サービスを提供している総合建設コンサルタント。

昭和35年6月1日に北海道開発コンサルタント株式会社を創立。平成13年に現社名に変更。「信頼の〝人と技術〟で豊かな人間環境の創造に貢献する」という経営理念のもと人と自然が共生できる快適な生活環境作りを目指している。職員数556名(平成25年6月1日現在)。

代表取締役社長　平野 道夫

本　社　〒004-8585
札幌市厚別区厚別中央1条5丁目4番1号(代表電話 011-801-1500)
支　店　東京支店(東京都中央区)、東北支店(仙台市青葉区)
事務所　名古屋、横浜、函館、旭川、釧路

URL　http://www.docon.jp

ドーコン叢書……3

縁の下のエンジニア
北海道の未来を支える9つの挑戦

2013(平成25)年11月28日　発行

編著者　ドーコン叢書編集委員会
編集　森 浩義(企業組合エディアワークス)
発行所　株式会社共同文化社
〒060-0033
札幌市中央区北3条東5丁目
電話 011-251-8078
http://kyodo-bunkasha.net/
印刷　株式会社アイワード
装幀　佐々木 正男(佐々木デザイン事務所)
編集協力　若井 理恵

ISBN978-4-87739-243-7